Aurelia Spendel (Hg.)

stILLe

HERDER spektrum

Band 6043

Das Buch

Hektik, Lärm, Stress – Merkmale einer rastlosen Gesellschaft. Wer sich vom Alltag überwältigen lässt, verliert leicht den Bezug zu sich selbst. Im täglichen Trubel wächst unsere Sehnsucht nach Besinnung und Ruhe. Wie können wir Alltag und Spiritualität in Einklang bringen? Und wo sind die Räume, die uns wieder zu uns selbst kommen lassen, damit wir all die Anforderungen des Lebens bewältigen können?
Von jeher hat sich das Kloster als Ort der Zurückgezogenheit und Kontemplation dem Schweigen und der Stille gewidmet. Klösterliche Traditionen gilt es neu zu entdecken. Texte zur monastischen Tradition der Stille gewähren uns Einblick in die einzigartige klösterliche Lebensweise. Ein Schatz jahrhundertealter Weisheit tut sich auf, der uns „Weltmenschen“ von heute eine Hilfe sein kann. Denn es zeigt sich: Die Lebensregeln aus dem Kloster schenken uns und unserem Alltag eine ungeahnte Freiheit. Ein unersetzlicher Ratgeber, um im hektischen Alltag äußere und innere Stille zu finden.

Die Herausgeberin

Aurelia Spendel OP, geb. 1951, Dr. theol., seit 1998 Dominikanerin und bis 2007 Priorin des Klosters St. Ursula in Augsburg. Sie ist Dozentin an Universitäten (Schwerpunkt: Spirituelle Theologie) sowie in der Erwachsenenbildung, begleitet Ordensgemeinschaften in Veränderungsprozessen und ist Autorin zahlreicher Bücher.

STILLE

Weisheit aus dem Kloster

Herausgegeben von
Aurelia Spendel

HERDER
FREIBURG · BASEL · WIEN

www.herder.de

Umschlagkonzeption und -gestaltung:
R·M·E Eschlbeck / Botzenhardt / Kreuzer
Umschlagmotiv: © Sodapix AG, Switzerland
Foto der Herausgeberin: © Micha Pawlitzki

Zusammenstellung der Texte: Michael Fischer
Die Textauswahl im vorliegenden Band basiert auf dem Titel: *Buch der Ruhe und der Stille. Inspirationen aus dem Geiste der Klöster.* Hg. von Michael Fischer. Verlag Herder, Freiburg im Breisgau 2003.

Satz: Weiß-Freiburg GmbH – Graphik & Buchgestaltung
Herstellung: fgb freiburger graphische betriebe
www.fgb.de

Gedruckt auf umweltfreundlichem, chlorfrei gebleichtem Papier
Printed in Germany

ISBN 978-3-451-06043-4

INHALT

Weisheit aus dem Kloster

Vorwort zur Reihe

Weisheit aus dem Kloster ist eine Reihe für Menschen, die mehr als alles wollen. Jeder Band widmet sich einem Thema klösterlicher Lebensweisheit, das sich für jeden und jede erschließt, der bzw. die über den Horizont des Alltags hinausschauen und dabei das Leben in seiner Fülle erahnen möchte.
Ohne die Erfahrungen jener Frauen und Männer, Schwestern und Brüder, die sich seit dem Beginn der monastischen, apostolischen wie kontemplativ gewichteten, christlichen Lebensweise zugemutet haben, ihr klösterliches Leben mit allen Sinnen zu leben, gläubig und weltoffen, unverkrampft und immer wieder in fruchtbaren und leidenschaftlichen wie in schmerzlichen Auseinandersetzungen, gäbe es keine Weisheit aus dem Kloster. Sie sind in allen historischen Phasen und geistes- wie glaubensgeschichtlichen Epochen des Klosterlebens zu finden. Ihnen sei gedankt. Stellvertretend nenne ich hier den Namen meiner eigenen Formationsleiterin, Dr. Benedikta Hintersberger OP, die mir den Zugang zur klösterlichen Lebensweise und -weisheit gewiesen hat, ein Weg, der abenteuerlicher und erfüllender nicht sein könnte. Ihr sei dieses Werk gewidmet.

Danken möchte ich auch meiner Mitschwester Sr. Eleonora Weiß OP, die mir, als ich handlädiert nicht selbst alles zu Papier bringen konnte, kundig und geduldig ihre Zeit und Hilfe zur Verfügung gestellt hat.

Am Fest der Begegnung von Maria und Elisabeth
02. Juli 2008
Dr. Aurelia Spendel OP

Klöster – Ruheinseln der Seligen?

Wer heute in ein Kloster geht, will in der Regel nicht dort eintreten, will nicht Mitglied werden in einem Frauenkloster, in einer Mönchsgemeinschaft. Stattdessen sind Mitleben und „Kloster auf Zeit" gefragt, werden spirituelle Rückzugsmöglichkeiten aus der Hektik des Alltags als Inseln der Ruhe gesucht. Eine laute, sich unausweichlich in Gedanken und Gefühle hineindrängende Welt lässt Sehnsucht wach werden nach heilendem Zu-sich-selbst-Kommen in einer Umgebung, die ganz anders zu sein scheint als die des „normalen" Lebens. „Ein Kloster könnte ein Ort sein, an dem ich mich wiederfinden kann", sagt der eine. „In einem Kloster ist alles so friedlich; dort ist es leicht, wieder ruhig zu werden", vermutet die andere.
Sicher, das gibt es: Am Rand der Stadt biegt der lauschige Waldweg ab zu einem einsamen Benediktinerinnenkloster, fernab der nervenden Geräuschkulisse einer vielbefahrenen Autobahn. Auf der Anhöhe wächst majestätisch eine Abtei empor, unbehelligt von urbaner Lärmverschmutzung. Aber: Hohe Klostermauern bieten keine Garantie dafür, dass das Getümmel der Welt außen vor bleibt. Eine mächtige Pfortentür schließt stille Kreuzgänge und Gärten nicht automatisch ab von störendem Lärm. In einer Mönchszelle schläft es sich nicht besser, nur weil weder Reifenquietschen noch Flugzeuglärm, Busstopp

oder Passantengeschrei die Nachtruhe unmöglich machen. Ein lärmverschontes Haus ist noch kein Kloster, in dem Ruhe, Stille, Schweigen jenen inneren Raum eröffnen, der Menschen zu sich kommen lässt, wo sie Gott suchen und sich von ihm finden lassen können. Klöster sind Orte, an denen Menschen mit anderen Menschen unter den – fast – gleichen Bedingungen wie Frauen und Männer „draußen“ zusammenleben. Menschen mit tausend Fragen und Sorgen, mit Langeweile und Trostlosigkeit, Beziehungsproblemen, Orientierungslosigkeit, Irrungen und Wirrungen aller möglichen Art. Die dröhnenden Stimmen menschlicher Innenwelten lassen sich ihren Machtanspruch und ihre quälenden Anwesenheiten von einem klösterlichen Ambiente nicht verbieten.

Und doch: *Klösterliche Stille* ist ein fast schon feststehender Begriff. In Klöstern scheint es etwas zu geben, was den Ohren und Seelen gestresster Zeitgenossinnen und Zeitgenossen Hilfe zu einem besseren, weil entspannteren und tieferen Leben anbietet. Lärmfreiheit, Schweigezeiten und -orte versprechen der Sehnsucht wieder zu ihrem Recht zu verhelfen, die im Getümmel und in den Verhedderungen des Alltags nicht mehr deutlich artikuliert werden kann. Klösterliches Ambiente verlockt dazu, das vor sich selbst offen zu legen, was in der Tiefe da ist und was das Herz eines Menschen bewegt. Ganz Ohr sein zu dürfen, nicht mehr pausenlos anhören, kommunizieren, reden, erklären, antworten, präsent sein zu müssen kann so wohltuend sein. Wenn nicht alles ausdiskutiert, nicht alles zwei Mal gesagt, nicht endlos in Besprechungen, Terminen, Meetings abgearbeitet werden muss, atmen Menschen auf. In Klöstern gibt es Raum für das Nicht-gut-drauf-sein-Müssen, für das Loslassen und das Da-sein-Dürfen, ohne eine „Gegenleistung" erbringen zu müssen, also für das Nichtreden, das innerliche und äußerliche Zur-Ruhe-Kommen. Ihre jahrhundertealte Tradition scheint einen Erfahrungsschatz zu bergen, der wie eine Quelle leise und fast unmerklich in der Mitte der klösterlichen Gemeinschaft entspringt und allen zugänglich ist, die sich ihm nähern.

HEILSAME ENTTÄUSCHUNG

Auf den zweiten Blick wird allerdings schnell und ernüchternd klar, dass dem nicht so ist. Zur inneren Ruhe zu kommen geht nicht von heute auf morgen im Schnelldurchgang. Das große klösterliche Schweigen vom Abendgebet, der Komplet, bis zum Morgengebet, das kleine Schweigen während des Tages, bei der Arbeit und den Mahlzeiten müssen hart erarbeitet werden, und das ein Leben lang. Das Schwierigste und Anstrengendste ist der Weg der Seele, die nicht lassen kann von dem, was unverzichtbar zu sein scheint, wenn man oder frau etwas darstellen will vor sich und vor anderen. Charakterliche Untiefen und psychische Narben, Schatten und Schuld, Versäumnisse und Zwänge dringen grell und gellend in die Leerräume ein, die die Stille langer Klostergänge und einfacher Gastzellen produziert.
Wer im Kloster Ruhe des Herzens finden will, muss das Niemandsland zwischen Nichtreden als dem äußeren Schweigen und dem innerlichen Stillwerden als der Voraussetzung lebendigen Schweigens oft mühsam durchqueren. Geräuschlosigkeit oder Geräuscharmut können eine Haltlosigkeit und Empfindungsarmut offenbaren, die schmerzlicher sein können als das Überflutetwerden von Krach und Lärm. Dabei gilt, dass auch

ein „halbes“ Schweigen besser ist als keines. Der immer neue Versuch, bei sich zu bleiben, bei Gott zu verweilen, das rechte Maß zu finden im Reden und Nichtreden ist besser als vorschnelle Resignation nach dem Motto: „Das schaffe ich nie, also lasse ich es lieber ganz.“ Schon die Stille der Natur, wenn sich die Fülle des Sommers im Herbst zurückzieht, wenn im Winter die Lautlosigkeit der ruhenden Erde Raum gewinnt, lassen erahnen, dass es eine Zeit des Sich-Beschränkens geben darf und muss, damit Neues werden kann. Ent-Täuschung über die eigene Armut und Leere tun weh, sind aber unverzichtbare Wegstationen hin zu einem erfüllten und erfüllenden Schweigen.

SCHWEIGEWURZELN

Schweigen ist ein Hilfsmittel des geistlichen Lebens, kein Wert in sich. In einem Kloster lernt man zu schweigen, um gut hören und gut reden zu können. Um das Richtige zu sagen und um das hören zu lernen, was dem Leben zur Entfaltung dient. *Reden ist Silber, Schweigen ist Gold* ist hier kein Leitsatz. Dafür ist er zu grob. Die klösterliche Stille, das Schweigen wurzelt in anderen Tiefenschichten. Der Mönch, die Ordensschwester, die Nonne, der Bruder gehen Gott nach, der am siebten Tag ruhte, als er sein Schöpfungswerk vollendet hatte (Genesis 2,2). Sie sammeln ihre Kraft in der Entdeckung des göttlichen Wortes, das mit einer unbezwinglichen Dynamik auf die Erde sprang, als tiefes Schweigen das All umfing (Weisheit 18,14f.). Sie fühlen sich ein in das Schweigen Jesu, der sich immer wieder in die Einsamkeit der Nacht und in die Abgeschiedenheit der Berge zurückzog, um mit sich und mit Gott allein zu sein und zu beten. Sie verzichten auf die Verteidigung des eigenen Standpunktes vor denen, die ihnen Unrecht tun, und reden wortlos umso nachdrücklicher, wenn sie dem Beispiel des angeklagten Jesus folgen, der sich dem Machtanspruch des Pilatus schweigend verweigerte. Sie suchen in Liturgie und Meditation die Schweigestellen der Bibel auf und schulen ihr inneres Hören daran. Klosterleute wissen: Gott spricht im Schweigen, und was er zu sagen hat, ist nicht immer das, was ich hören möchte, was mich aber unbedingt angeht.

EIN LANGER WEG UND DOCH GANZ EINFACH

Wer nicht schweigen kann, kann auch nicht richtig zuhören und nicht wahrhaftig reden. Schweigen lernen ist ein langer Weg. Kommunikationsstörungen und -verweigerung, seichtes Gerede und peinliche Witze sind hinter Klostermauern genauso anzutreffen wie in allen menschlichen Gemeinschaften. Geheimnisse ausplaudern, Versprechen brechen, Aussagen verdrehen, lügen, einen Menschen verleumden oder schlechtmachen, dummes Geplapper, murren, schimpfen und unbedacht reden sind Fehlhaltungen und Fehlverhalten hier wie dort. Informationen nicht weitergeben, stille Hilferufe bewusst überhören, sich in der eigenen, stumpf gewordenen Grabesruhe nicht stören lassen oder sich durch ablenkendes, pseudohöfliches Geplauder schmerzlichen Auseinandersetzungen verweigern, all das zeigt an, dass das Reden als einer der beiden Pole, zwischen denen das Schweigen ausgespannt ist, nicht tragfähig ist. Unklare Absprachen, unzuverlässige Vereinbarungen, häufiges Verabreden außer Haus ohne zwingende Notwendigkeit sind genauso Hinweise auf eine nicht genügend entfaltete Kultur der Rede wie das Sich-Vollstopfen mit medialen Sprachangeboten. Genauso

ist die wortreiche Begründung vordergründiger Befriedigungen das Gegenteil lebendiger Stille und schöpferischer Ruhe.
Daneben erfahren Klosterfrauen und -männer in ihren Gemeinschaften, wie sehr die Last des Nichtredens, des unguten Schweigens drückt, wie leidvoll Stummheit in einer Gemeinschaft wirkt, wenn das erlösende Wort einander vorenthalten wird. Wie krank der/die Einzelne werden kann durch ein Schweigen, das mundtot macht, und durch üble Nachrede, die verstummen lässt.
Schweigen kann erst dann Seele, Geist und Leib regenerieren helfen, wenn es aus dem Wort Gottes lebt und die innere und äußere Stille von einem Menschen so behutsam mit sich getragen werden kann wie ein schlafendes Baby. Die Früchte der Selbstbeschränkung im Sprechen und im Austausch beginnen erst dann zu reifen, wenn ihre verwandelnde Kraft wirklich gewollt ist, das heißt, wenn Menschen bereit sind, die Anstrengung des Alleinseins und der Einsamkeit um der Erfahrung des Schweigens willen auf sich zu nehmen. Erst wenn jemand nicht alles erleben, nicht alles tun, nicht alles wissen und nicht alles sagen muss, öffnen Loslassen im Reden, Reduzieren oder Verzicht auf Einmischung einen Zwischenraum, in dem Reden und Hören zur rechten Zeit und in der rechten Weise Gestalt gewinnen als ein bedeutungsvolles Reden und ein befreiendes Hören.

GOTT RUHEN UND SCHWEIGEN LASSEN

Auf diesem Weg stellt sich in der Regel zunächst eine trügerische Ruhe ein, bevor der Sturm der inneren, tosenden Gedankenbrandung losbricht, die den Beginn der Umgestaltung des

Lebens aus dem Schweigen anzeigt. Die Selbsterkenntnis, dass wir bedürftig sind und ohne Gott lebensunfähig, ist hart und unangenehm. Sie entlarvt Allmachtsideen und falsche Autonomievorstellungen. Erst wenn die Verwirrung des Herzens die Taubheit der geistlichen Sinne zerbröckeln lässt, beginnt die Aufnahmefähigkeit für Ruhe, Stille und Schweigen zu keimen. „Unruhig ist unser Herz, bis es ruht in dir. Denn auf dich hin hast du uns geschaffen", sagt der große Kirchenlehrer Augustinus in seiner Autobiografie. Stillsein und Lärmen, Ruhe und Unruhe, Schweigen und Zerreden wechseln sich im geistlichen Leben so lange ab, bis Gott zu Wort kommen und sich in der Stille des Lauschens auf seine Stimme Gehör verschaffen darf. Die klösterliche Schweigeerziehung weiß, dass zuerst Gott schweigen muss und sich in einer Art geistlicher Gefühllosigkeit versteckt – was emotional durchaus angenehm sein kann –, bis der Mensch aus dem Anstoß des Geistes heraus unruhig zu werden beginnt und das Schweigen als geistliches Gut ersehnt. Die Entdeckung, dass das innere Leben ein Leben in der Stille der Liebe ist, die keine Worte braucht, um sich zu erklären, gewinnen wir nur langsam auf dem Weg einer mühsamen, verwirrenden, sich oft wie in einem Nebel vollziehenden Erfahrung mit uns selbst und mit Gott. Denn nur er weiß ungebrochen um sich selbst und ist die einzige Wirklichkeit, die sich ganz erkennt und schweigend ganz in sich ruht.

Finden Sie den Schlüssel!

Die Weisheit der Klöster ist nicht nur mündlich, nicht nur durch das alltägliche Tun, sondern auch schriftlich überliefert. Vieles ging verloren, vieles ist erhalten. Und nicht nur erhalten, sondern im Strom des ständigen Übens, Erlebens und Nachdenkens noch heute im Werden.

Die folgenden Texte laden ein, sich von dem ununterbrochenen Gespräch jener Frauen und Männer inspirierend zu lassen, die das Kloster als Lebensform wählten und die darin mit allen Sinnen lebten – in Höhen und Tiefen, mit Irrtümern und Entdeckungen, in Weisheit und mit allen Fragen, die Menschen haben können.

Mancher Text wirkt auf den ersten Blick vielleicht befremdlich, die Sprache antiquiert. Trotzdem: Schauen Sie, wenn nötig, zwei- oder dreimal hin. Kauen Sie die sperrigen Stücke, bis sie Ihnen etwas zu sagen haben. Lassen Sie nicht los: Hinter einem zunächst verschlossenen Tor können wahre Schätze versteckt sein!

Die Texte sind ausgewählt für neugierige, lebenshungrige, fromme, für ausdauernde, aber auch für jene Leserinnen und Leser, die nur kurz einmal vorbeischauen möchten – sie sind ein Angebot, aus dem Sie wählen können, was gerade für Sie passt. Wichtig ist, dass Sie etwas finden, das Sie in die Stille leitet, Ihnen das Zusammenleben mit anderen schmackhafter macht, Sie Ihren eigenen Rhythmus finden lässt, was Ihnen hilft, frei und gut zu leben.

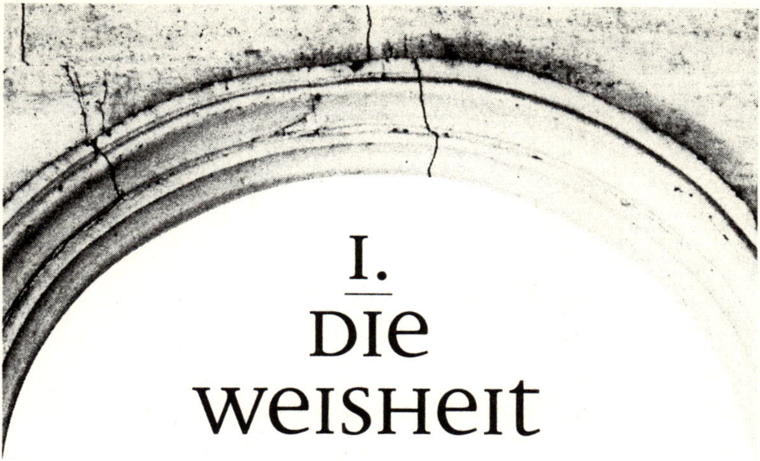

I.

Die Weisheit der Mönche

„Das arme und einsame Leben
ist zu Beginn schwierig, mit fortschreitender
Verwirklichung einfach,
am Ende himmlisch."
(Frühe Kartäuserbriefe)

Weisung der Väter

Abbas Antonios
Es liegt auf der Zunge

Brüder besuchten von der Sketis aus den Altvater Antonios. Sie bestiegen ein Schiff, um zu ihm zu kommen. Dort trafen sie einen Alten, der auch dorthin kommen wollte, doch die Brüder kannten ihn nicht. Als sie im Schiffe waren, unterhielten sie sich über Aussprüche der Väter, über Worte der Schrift und auch über ihre Handarbeit. Der Alte aber schwieg. Als sie nun am Landeplatz waren, zeigte es sich, dass der Alte auch auf dem Weg zum Altvater Antonios war. Als sie dann bei diesem ankamen, sprach Antonios zu ihnen: „An diesem Alten habt ihr einen guten Begleiter gefunden." Er sagte aber auch zu dem Greis: „Treffliche Leute hast du bei dir." Der Greis erwiderte: „Gut sind sie schon, aber ihr Gehöft hat kein Tor, und jedermann kann in den Stall hineingehen und den Esel losbinden." Das sagte er, weil sie alles herausschwätzten, was ihnen in den Mund kam.

Abbas Antonios
Sehen und Schweigen

Drei von den Vätern hatten die Gewohnheit, jährlich zum seligen Antonios zu kommen. Die beiden Ersten fragten ihn über die Gedanken und über das Heil der Seele. Der Dritte schwieg und stellte keine Frage. Nach langer Zeit sprach der Altvater Antonios zu ihm: „Siehe, jetzt kommst du schon so lange Zeit hierher und fragst mich nichts." Er aber gab ihm zur Antwort: „Es genügt mir schon, dich zu sehen, Vater!"

~ Abbas Arsenios
In der Einsamkeit

Als der Altvater Arsenios noch im Palast weilte, betete er zu Gott: „Herr, zeige mir einen Weg, wie ich Rettung finde!" Und es kam eine Stimme zu ihm, die sprach: „Arsenios, fliehe die Menschen, und du wirst gerettet werden." Als er sich dann bereits in das Einsiedlerleben zurückgezogen hatte, betete er wieder mit den gleichen Worten. Und er hörte eine Stimme, die zu ihm sagte: „Arsenios, fliehe, schweige, ruhe! Das sind die Wurzeln der Sündenlosigkeit."

~ Abbas Agathon
Worte wie Steine

Man erzählte über den Altvater Agathon: Drei Jahre trug er einen Stein im Munde, bis er zurechtkam mit dem Schweigen.

~ Abbas Andreas
Mönchisches

Altvater Andreas pflegte zu sagen: „Dem Mönche geziemen diese drei Dinge: ein Leben als Fremdling, Armut und Schweigen in Geduld."

~ Abbas Besarion
Was soll ich tun?

Ein Bruder, der mit anderen Brüdern zusammenlebte, fragte den Altvater Besarion: „Was soll ich tun?" Der Greis antwortete ihm: „Schweige, und miss dich nicht mit anderen!"

~ Erzbischof Theophilos
Nützliche Worte?

Altvater Theophilos, der Erzbischof, kam einmal in die Sketis. Die Brüder versammelten sich und sagten zum Altvater Pambo: „Halte an den Vater eine Ansprache, damit er einen Gewinn habe." Der Alte aber sagte zu ihnen: „Wenn er aus meinem Schweigen keinen Nutzen zieht, dann kann er es auch nicht aus einer Rede."

~ Abbas Makarios, der Ägypter
Verschlossen

Der Altvater Makarios in der Sketis, der Große, sprach zu den Brüdern, als er den Gottesdienst verließ: „Flieht, Brüder!" Und einer von den Alten sagte zu ihm: „Wohin sollen wir denn in dieser Wüste noch fliehen?" Makarios legte ihm den Finger auf den Mund und sagte: „Das fliehet!" Und er betrat sein Kellion, schloss die Tür und setzte sich nieder.

~ Abbas Poimen
Um Gottes willen

Ein Bruder fragte den Altvater Poimen: „Ist Reden besser als Schweigen?" Der Greis antwortete ihm: „Wer Gottes wegen redet, tut gut daran, wer Gottes wegen schweigt, tut ebenso gut."

~ Abbas Sisoes
Seligpreisung

Ein Bruder fragte den Abbas Sisoes: „Was soll ich tun?" Er belehrte ihn: „Die Sache, die du suchst, ist: Sehr schweigsam sein und sehr demütig; denn es steht geschrieben: Selig sind, die darin verharrten (Jesaja 30,18). So kannst du bestehen."

〜 Ignatius von Antiochien

Es ist besser, zu schweigen

Es ist besser, zu schweigen und zu sein als zu reden und zu scheinen. Lehren ist gut, wenn man das Gesagte auch tut. Einer ist wahrhaftig Lehrer. Er sprach, und es geschah, und was er schweigend getan hat, ist des Vaters würdig. Wer Jesu Wort wahrhaftig besitzt, kann auch seine Stille vernehmen, damit er vollkommen ist. So wird er durch sein Wort wirken und durch sein Schweigen erkannt werden. Nichts bleibt dem Herrn verborgen. Auch das, was uns verborgen ist, ist ihm bekannt. Lasst uns also alles so tun, als wenn er selbst in uns wohnte, damit wir sein Tempel sind und er unser Gott in uns. So ist es ja auch letztlich und wird uns offenbar in all dem, worin wir ihm die schuldige Liebe beweisen.

〜 Ambrosius von Mailand

Schweigen, um reden zu können

Was sollten wir vor allem anderen lernen als schweigen, um reden zu können, auf dass nicht mein Wort mich verurteilt, bevor ein fremdes mich losspricht? Denn es steht geschrieben: „Aus deinen eigenen Worten wirst du verurteilt werden“. Wozu mit Reden die Gefahr der Verurteilung gewärtigen, wenn mit Schweigen sich sicherer leben lässt? Gar viele sah ich mit Reden in Sünde geraten, kaum einen mit Schweigen. Zu schweigen wissen, ist nun schwieriger als zu reden. So mancher, wie ich weiß, redet, da er nicht zu schweigen versteht. Nur selten kommt es vor, dass einer schweigt, da ihm reden frommen würde. Weise ist sonach, wer zu schweigen versteht. So sprach denn auch die Weisheit Gottes: „Der Herr gab mir eine kundige Zunge, wenn es nötig wäre zu sprechen". Mit Recht also ist weise, wer vom Herrn es empfängt, wann er sprechen soll. Daher das treffliche Schriftwort: „Der Weise schweigt bis zu seiner Zeit."

¶ *Im Lärm spüren wir die Lebensnotwendigkeit der Stille. Und früher oder später dämmert uns, dass es nicht nur äußere, sondern vor allem innere Stille ist, nach der wir uns sehnen.* David Steindl-Rast ¶

So hören wir denn auf den Lehrer der Behutsamkeit! „Ich habe es gesagt: ich will achthaben auf meine Wege"; ich habe es mir gesagt, im stillen Denken habe ich mir das Gebot auferlegt, achtzuhaben auf meine Wege. Manche Wege gibt es, denen wir folgen, andere, auf welche wir achthaben sollen: Folgen sollen wir den Wegen des Herrn, achthaben auf die unsrigen, dass sie nicht zur Sünde führen. Man kann sich aber in Acht nehmen, wenn man nicht voreilig spricht. Das Gesetz sagt: „Höre, Israel, den Herrn deinen Gott". Es heißt nicht „rede", sondern „höre". Das erste Wort aus Gottes Mund mahnt dich: „Höre!" Hörst du, so hast du Acht auf deine Wege und machst es rasch wieder gut, wenn du gefallen. Wodurch macht denn ein Jüngling seinen Wandel gut? Dadurch, dass er auf die Worte des Herrn achthat. So schweig erst und höre, um nicht mit der Zunge zu sündigen!

Wachen wir also über unser Herz, wachen wir über unseren Mund! Denn beides steht geschrieben: an unserer Stelle, dass wir den Mund bewahren sollen; an einer anderen die Mahnung: „Mit aller Behutsamkeit wahre dein Herz!" Wenn David es wahrte, willst du es nicht wahren? Wenn ein Jesaja unreine Lippen hatte, da er bekannte: „O ich Unseliger, weil von Gewissensbissen gequält! Ein Mensch bin ich ja mit unreinen Lippen" – wenn der Prophet unreine Lippen hatte, wie sollten wir reine haben?

Der Weise überlegt erst viel, wenn er reden soll: was er sprechen soll, zu wem er sprechen soll, an welchem Ort, zu welcher Zeit. So gibt es denn ein Maßhalten sowohl im Schweigen wie im Reden, aber auch ein Maßhalten im Handeln. Schön ist es, hierin das Pflichtmaß einzuhalten.

aus den Ordensregeln

Aus der Regel des heiligen Basilius

Vom Schweigen

Es ist gut für die Novizen, sich im Stillschweigen zu üben. Denn durch die Bezähmung der Zunge geben sie zugleich einen hinlänglichen Beweis von Selbstbeherrschung und lernen durch Schweigen fleißig und aufmerksam von denen, welche die Sprache gehörig zu gebrauchen wissen, sowohl wie sie fragen als auch jedem antworten müssen. Denn es gibt einen Ton der Stimme, ein Maß der Rede, eine passende Zeit und Eigentümlichkeit der Worte, welche den Frommen eigentümlich ist und sie unterscheidet und welche der nicht erlernen kann, der sie nicht aus gemeinsamer Übung kennt. Zugleich lehrt das Stillschweigen das Frühere, weil es nicht geübt wird, vergessen und gibt die Muße, das Gute zu erlernen. Daher soll man, wenn nicht die Sorge für die eigene Seele es verlangt oder eine Handarbeit es nötig macht oder eine darauf bezügliche Frage dazu treibt, im Stillschweigen verharren, ausgenommen freilich beim Psalmengesang.

Auch auf das, was von den meisten übersehen wird, müssen die Ordensleute nicht wenig achthaben. Sich einem unmäßigen und unbändigen Lachen überlassen, ist ein Zeichen von Unenthaltsamkeit und davon, dass man die Regungen nicht beherrscht und die Leichtfertigkeit der Seele nicht durch die Strenge der

Vernunft niedergehalten wird. Dagegen ist es nicht ungeziemend, durch sanftes heiteres Lächeln die Fröhlichkeit der Seele anzuzeigen. Davon allein spricht die Schrift, wenn sie sagt: „Ein fröhliches Herz erheitert das Angesicht" (Sprüche 15,13). Aber laut aufzulachen, sodass unwillkürlich der ganze Leib erschüttert wird, geziemt dem nicht, der ruhigen Gemüts ist, fromm und sich selbst beherrscht.

Aus der Regel des hl. Benedikt
Von der Schweigsamkeit

Lasst uns das tun, was der Prophet sagt: „Ich nahm mir vor: Meine Wege will ich behüten vor Sünden der Zunge, meinen Mund verwahren mit einem Zaume: So ward ich denn stumm, verdemütigte mich und schwieg selbst vom Guten." Damit zeigt uns der Prophet: Bisweilen muss man sich selbst gute Reden um der Schweigsamkeit willen versagen; umso mehr ist es Pflicht, böse Reden wegen der Strafe für die Sünde zu unterlassen.
Daher soll mit Rücksicht auf die Notwendigkeit der Schweigsamkeit selbst zu guten, heiligen und erbaulichen Worten vollkommenen Schülern selten Erlaubnis zum Sprechen gewährt werden. Es steht ja geschrieben: „Bei vielem Reden geht es ohne Sünde nicht ab." Und anderswo: „Tod und Leben stehen in der Gewalt der Zunge." In der Tat, Reden und Lehren kommen dem Meister zu, Schweigen und Hören aber schickt sich für den Schüler.
Hat daher einer vom Obern etwas zu erfragen, so geschehe dies in aller Demut, Unterwürfigkeit und Ehrfurcht. Possen, unnüt-

zes Geschwätz oder zum Lachen reizende Gespräche aber verbannen und verbieten wir für immer und an allen Orten, und wir erlauben dem Schüler nicht, den Mund zu derlei Reden aufzutun.

¶ *Durch stilles Sitzen und Ausruhen werdet ihr gerettet.* *Jesaja 30,15* ¶

~ Kees Waaijman
Aus der Karmelregel

Der Apostel aber empfiehlt Stille, wenn er vorschreibt, dass man in Stille arbeiten soll. Und wie der Prophet bezeugt: „Pflege der Gerechtigkeit ist Stille." Und ferner: „In Stille und Hoffnung wird eure Stärke sein!" Deshalb bestimmen wir, dass ihr nach dem Beten der Komplet die Stille wahrt, bis die Prim des folgenden Tages gebetet ist. Die andere Zeit aber, auch wenn dann die Stille nicht so sehr gewahrt zu werden braucht, hüte man sich doch umso sorgfältiger vor der Geschwätzigkeit, denn, wie geschrieben steht und nicht minder die Erfahrung lehrt: „Geschwätzigkeit geht nicht ohne Sünde ab" und „Wer unbedachtsam im Reden ist, dem ergeht es übel". Ebenso: „Wer viele Worte macht, verletzt seine Seele." Und der Herr im Evangelium: „Über jedes unnütze Wort, das die Menschen reden, werden sie Rechenschaft ablegen müssen am Tag des Gerichts." So mache denn jeder eine Waage für seine Worte und rechte Zügel für seinen Mund, damit er nicht unversehens strauchelt und zu Fall kommt in seinem Reden und sein Fallen unheilbar ist zum Tode", mit dem Propheten „auf seine Wege achtend, damit er nicht sündige mit der Zunge" und die Stille, in der die Pflege der Gerechtigkeit besteht, sorgfältig und behutsam zu wahren sich müht.

~ Aus der Lebensordnung des Regularkanonikerstiftes Klosterrath

Weil „die Zunge nur ein kleines Glied des Körpers ist und sich doch großer Dinge rühmt" (Jakobus 3,5) und „der Mann vollkommen ist, der sich in seinen Worten nicht verfehlt" (Jakobus 3,2), haben unsere Väter heilbringend festgesetzt, dass nicht nur Zeiten, sondern auch Orte dem immerwährenden Schweigen geweiht werden, nicht weil Sprechen etwas Schlechtes ist, zumal nicht für die, die wissen, was, wann, zu wem, über was, an welchem Ort zu sprechen nützlich ist, sondern wegen der Schwächeren, die noch nicht den Finger auf den Mund legen können und „eine Tür zur Wache vor ihre Lippen stellen" (Psalm 141,3), ist dieses allgemeine Gesetz des Schweigens auferlegt worden, damit die den einen gewährte und den anderen verweigerte Erlaubnis zu sprechen nicht Ursache zu Murren und Streit wird. Zuerst ist daher im Haus des Gebetes, das zum Beten gebaut ist und woher es auch den Namen erhalten hat, niemandem erlaubt, etwas anderes zu sprechen als das Wort Gottes, nämlich entweder Psalmen zu singen oder zu beten oder zu lesen oder dem Volk zu predigen, auch nicht irgendein Buch oder ein Responsorium oder einen Vers zu nennen, es sei denn mit einem Blick in ein Buch oder durch ein oder zwei Worte an etwas zu erinnern, das vielleicht vergessen worden ist.

Im Kapitelsaal ist ebenso außerhalb der Versammlung des Kapitels, die zu einer festgesetzten Zeit stattfindet, nicht einmal erlaubt, „Segnet und preiset“ zu sagen, außer es geschieht etwas Unerwartetes.
Auch im Dormitorium ist jedes Sprechen, außer aus unvermeidbarer Notwendigkeit, zu unterlassen, gleichfalls im Refektorium, in der Klosterküche und im Kreuzgang, falls nicht die Erlaubnis zu sprechen allgemein gewährt worden ist. Ferner muss an allen Festtagen mit neun Lesungen das Schweigen im Kloster gewissenhaft eingehalten werden.

Die Freuden der Abgeschiedenheit – Über das eremitische Leben

〜 Bruno der Kartäuser
Die Freuden der Abgeschiedenheit

Ich halte mich in einer Einsiedelei in Kalabrien auf. Sie liegt in hinreichender Entfernung abseits von sonstigen menschlichen Ansiedlungen. Dort lebe ich mit meinen Mönchsbrüdern, von denen einige sehr gebildet sind, zusammen. Alle stehen gleichsam auf göttlichem Wachposten, „sie warten auf die Rückkehr des Herrn, auf dass sie ihm sofort öffnen, wenn er anklopft" (vgl. Lukas 12,36). Ich kann nicht angemessen die herrliche Lage dieser Einsiedelei beschreiben, ihr angenehmes und gesundes Klima, die weite und anmutige Ebene, die sich längs zwischen den Bergen erstreckt mit ihren grünen Wiesen und blühenden Weiden; da ist der Anblick der Hügel, die sich überall sanft erheben, die stillen, schattigen Täler mit vielen lieblichen Flüssen, Bächen und Quellen. Dazu kommen wasserreiche Gärten und die verschiedenartigsten reich tragenden Fruchtbäume.
Aber dabei will ich mich nicht länger aufhalten. Denn natürlich gibt es noch andere Freuden, die für einen Weisen weit herrlicher und nutzbringender sind, da es sich um göttliche Freuden handelt. Und dennoch dienen die genannten Freuden

häufig der Entspannung und Erholung, wenn der Geist von der recht strengen Observanz und von den geistlichen Übungen ermüdet und geschwächt ist. Denn wenn ein Bogen ständig gespannt ist, erschlafft er und vermag seinen Zweck nicht mehr zu erfüllen.
Welchen Nutzen und welche göttliche Wonne aber die Einsamkeit und stille Abgeschiedenheit denen schenkt, die sie lieben, wissen allein diejenige, welche sie erfahren haben. Denn hier können starke Charaktere nach Herzenslust in sich gehen und bei sich verweilen. Hier können sie die Tugend, die keimhaft in ihnen angelegt ist, entfalten und voll Freude die Früchte des Paradieses genießen. Hier lässt sich jener klare Blick finden, dessen Zauber den Bräutigam aus Liebe verwundert (vgl. Hohelied 4,9) und dessen Reinheit Gott schauen lässt (vgl. Matthäus 5,8). Hier herrschen tätige Ruhe und geruhsame Tätigkeit. Hier teilt Gott den Kämpfern für die Mühsal des Streitens den ersehnten Preis zu (vgl. 2 Timotheus 4,7f.), nämlich den Frieden, den die Welt nicht kennt (vgl. Johannes 14,27) und die Freude im Heiligen Geist (vgl. Römer 14,17).

~ Guigo I., fünfter Prior der Chartreuse
Über das eremitische Leben

1. Dem hochverehrten Herrn N. wünscht Guigo, der Geringste der Diener des Kreuzes in der Kartause, „zu leben und zu sterben für Christus“.
2. Mag einer glücklich schätzen, wen immer er will. Ich jedenfalls halte für glücklich nicht jenen, der nach den Ehren

der Paläste giert, sondern jenen, der sich demütig dazu entscheidet, ein bescheidenes Leben in der Abgeschiedenheit zu führen, der es liebt, in der Ruhe die Weisheit zu suchen, der danach verlangt, allein im Schweigen zu verharren.

3. Denn sich in Macht und Ehren glänzend darzustellen, sich in Würden und Ehrenämtern hervorzutun, ist meiner Überzeugung nach eine ziemlich unsichere Angelegenheit: Man ist vielen Gefahren ausgesetzt, von Sorgen und Unruhen bedroht, von vielen verdächtigt, vor niemandem sicher. Die Sache ist frohmachend zu Beginn, verworren in der Verwirklichung, traurig am Ende. Unwürdige begünstigt sie, Gute setzt sie herab, fast immer enttäuscht sie beide. Und während sie viele jämmerlich scheitern lässt, macht sie niemanden selig oder glücklich.

4. Dagegen ist das arme und einsame Leben zu Beginn schwierig, mit fortschreitender Verwirklichung einfach, am Ende himmlisch. In Widrigkeiten gewährt es Standfestigkeit, in Zweifeln Verlässlichkeit, im Glücken das rechte Maß. Es ist bescheiden im Lebensunterhalt, einfach in der Kleidung, zurückhaltend im Reden, lauter im Verhalten. Ein solches Leben sollte am meisten begehrt werden, weil es am wenigsten begehrlich ist. Aber was man noch mehr bewundern oder loben sollte: Es ist beständig in der Muße (Ruhe), doch so, dass es niemals müßig ist. Denn in ihm stellen sich immer zahlreichere Aufgaben, sodass es ihm häufiger an Zeit als an vielfältigen Beschäftigungen mangelt. Und öfter beklagt es sich über den trügerischen Fluss der Zeit als über den Verdruss an der Arbeit.

¶ *Das arme und einsame Leben ist zu Beginn schwierig, mit fortschreitender Verwirklichung einfach, am Ende himmlisch.* ¶

5. Doch was soll ich noch mehr darüber schreiben? Es ist zwar ein beglückendes Thema, zur (kontemplativen) Ruhe zuzuraten, aber eine solche Ermunterung sucht einen Geist, der wahrhaft eigenständig ist und der es aus Sorge um sein Heil ablehnt, in fremde oder öffentliche Geschäfte hineinverwickelt zu werden; ein Geist, der in Christus seine Ruhe gefunden hat und ihm so dient, dass er nicht zugleich Streiter Gottes und Helfershelfer der Welt sein will; ein Geist, der mit Sicherheit weiß, dass er sich nicht hier und jetzt mit der Welt vergnügen und künftig mit dem Herrn herrschen kann.

~ Willibald Bösen
Wüstenerfahrung

Wozu ist es gut, die meiste Zeit seines Lebens allein, gleichsam auf einer „Insel des Schweigens" zu verbringen? Ich höre den Protest zahlloser Menschen, die unter einem einsamen Leben leiden und sogar krank zu werden drohen, spüre, wie ihre Fragen einen aggressiven Unterton annehmen.
Die Eremiten von St. Bruno kennen die Diskussion. Als „Experten" mit jahrzehntelanger Erfahrung stehen sie ganz und gar nicht in der Gefahr, die Einsamkeit zu glorifizieren und zu idealisieren, im Gegenteil. Wer kennt besser als sie ihre Härte! „Manchmal" – so bemerkt Pater Ange Helly in einer warnen-

den Ehrlichkeit – „wendet man sich auf dem Weg durch die Wüste zurück und sieht die, die man früher gekannt und geliebt hat, wie sie sich aufrichtig der Güter hier unten erfreuen, umgeben von Freunden, mit ihren Studien beschäftigt und – wie es scheint – von Gott getröstet. Und selbst bleibt man in seiner Einsamkeit, deren Last an manchen Tagen so schwer wiegt ... Jede Stunde bedeutet einen schmerzhaften Schritt in Richtung einer noch umfassenderen Wüste."

Doch wenn es so hart und so schwer ist, warum dann geht man diesen Weg? Die Antwort darf sich mit einem kurzen Hinweis begnügen: Weil eine jahrhundertealte Tradition ihn empfiehlt! Weil im Christentum und außerhalb von ihm Tausende von Männern und Frauen Einsamkeit und Schweigen erprobt und als bewährte Hilfsmittel geistlichen Lebens entdeckt haben. Der bekannte italienische Eremit und Bestsellerautor Carlo Caretto rät eindringlich: „Wenn du nicht in die Wüste gehen kannst, musst du dennoch in deinem Leben Wüste machen. Bring ein Stück Wüste in dein Leben, verlass von Zeit zu Zeit die Menschen, such die Einsamkeit ...! Eine Stunde am Tag, einen Tag im Monat, acht Tage im Jahr!" (...) Hierin stimmen alle geistlichen Lehrer, christliche und nichtchristliche, überein: Auf die Wüste mit ihrer Einsamkeit und ihrem Schweigen kann nicht verzichten, wer Gott sucht. „Bei der Gottsuche muss man schweigen", mahnt nach fast 60 Jahren eines geistlichen Lebens in der „Wüste" immer wieder unser Pater Ange. Und als ob er sich zu rechtfertigen versuchte, fügt er hinzu: „Um dieses tiefe Schweigen der Wüste verstehen zu können, muss man es ohne Zweifel gelebt haben, aber nicht nur einen Augenblick lang". Es ist notwendig, um für die Ansprache Gottes bereit zu sein.

¶ *Wenn du nicht in die Wüste gehen kannst, musst du dennoch in deinem Leben Wüste machen. Bring ein Stück Wüste in dein Leben, verlass von Zeit zu Zeit die Menschen, such die Einsamkeit!* Carlo Caretto ¶

Unser Gott ist wesentlich ein leiser Gott. Der Prophet Elija hört Ihn im Flüstern eines leisen Wehens (1 Könige 19,12); durch Jesaja lässt Er dem Volke ausrichten: „Von dort, wo ich bin, schaue ich zu, ruhig wie die heiße Luft bei Sonnenschein und wie Taugewölk in der Ernteglut" (Jesaja 18,4). So aussagestark diese alttestamentlichen Bilder auch sind, verständlicher klingen für uns die Worte von Ernesto Cardenal: „Wir wollen Gottes Stimme klar, doch das ist sie nicht. ... Es ist eine tiefe, feine und unhörbare Stimme. Sie ist eine tiefe Beklemmung auf dem Grund unseres Seins, dort, wo die Seele ihre Wurzel hat. Es ist eine Stimme in der Nacht."
Unser Gott ist ein leiser Gott, es hört ihn allein „eine friedliche Seele", die – einem verlorenen Bergsee gleich – eine ganz spiegelglatte, weder von außen noch aus der Tiefe aufgewühlte Oberfläche ist, bereit, die kleinste Bewegung aufzunehmen und widerzuspiegeln. Eine Seele, die alle „Fenster" nach außen verschlossen hat, die Augen und die Ohren, die Erinnerung und die Fantasie, die Intelligenz und den Willen; eine Seele, die aber mehr noch allen Lärm von innen in sich erstickt hat, den Lärm einer gekränkten Eigenliebe, eines unermüdlichen Ehrgeizes, eines giftigen Neides, eines bohrenden Argwohns. Kurz, eine Seele, die ganz offen, ganz leer, ganz still ist.

¶ *Denn nur in dieser Stille wird es uns möglich sein, den sanften Atem des Friedens zu hören, die Musik der Sphären, die allumfassende Harmonie.* David Steindl-Rast ¶

Denn Gott ist zwar überall, „seine Stimme aber hören wir nur in der Stille“ (E. Cardenal). Sicher, dieses reine, auf Gott gerichtete Schweigen kann die Seele überall, auch in der Welt, einüben. Und doch hat „die christliche Tradition nie daran gezweifelt, dass die Einsamkeit einer Klause für die echte Beschauung am günstigsten ist“ (T. Merton).

Auf den Außenstehenden muss die Eremitage mit ihrer leblosen Stille als ein Ort tödlicher Langeweile wirken. In dieser „Wüste“ geschieht wenig oder gar nichts, was sich zu registrieren lohnte. Von Kleinigkeiten abgesehen, sieht jeder Tag dem anderen ähnlich.

Für den aber, der tiefer zu schauen vermag, zeichnen sich die Konturen eines spannenden Abenteuers ab. Auf der „Bühne“ der Seele mit ihren unendlichen Weiten und Tiefen marschiert der Gottsucher „auf Straßen, die keiner vorher markiert hat, und auf Pfaden, auf denen man bei jedem Schritt stolpert“ (Pater Ange Helly), einem Ringen entgegen, das im Kampf Jakobs mit Jahwe sein Vorbild hat (vgl. Genesis 32,23–33). Wenn er wie der alttestamentliche Patriarch die Kraft hat, eine ganze dunkle Nacht lang sein Gegenüber festzuhalten, wird er am Morgen ausrufen können: „Ich habe Gott von Angesicht zu Angesicht geschaut und habe mein Leben gerettet“ (Genesis 32,31).

SCHWEIGEN – EINE KLÖSTERLICHE TUGEND

~ Johannes Tauler
Leidiges Geschwätz

Um Gottes willen, hütet eure Zungen! Dieses leidige Geschwätz findet man so häufig, dass es ein Jammer ist, und ihr verliert damit Gott, seine Gnade und die ewige Seligkeit! Niemals sollt ihr den Mund auftun, ohne euch dreimal gefragt zu haben, ob eure Worte zur Ehre Gottes dienen, zur Besserung eures Nächsten, zu eurem inneren und äußeren Frieden. Weil vom gesprochenen Wort so ungeheurer Schaden ausgeht, haben die heiligen Gründer der heiligen Orden mit so großem Nachdruck überall in den Klöstern jegliches gesprochene Wort verboten; nur an einem Orte war Sprechen gestattet, und dies nur mit besonderer Erlaubnis. Welch ein Schaden von (unbedachter) Rede kommt, das könnte die ganze Welt nicht dartun.

~ Thomas von Kempen
Lob der Verschwiegenheit

O wie lobwürdig und angenehm ist des Sprechers Wort, dem nichts Böses, nichts Eitles, nichts Trügerisches, nichts Falsches beigemischt ist! Viele reden Vieles, doch nicht ohne Gefahr der

Zunge, die schnell zum Bösen geneigt ist. Großen Frieden hat demnach der, der seinen Mund bewahrt, in seiner Zelle bleibt und oft betet. Lobe auch den Tugendhaften, der zu schweigen weiß; weise den umherlaufenden Plauderer zurecht, hüte dich vor dem Falschen. Fliehe Lärm, liebe die Stille, folge dem Demütigen und Andächtigen nach und ertrage Christi wegen, der für dich gekreuzigt wurde, geduldig den, der dir lästig ist.

Ein Bruder fragte einen Alten: „Was ist das Ersprießlichste, das in den Satzungen zum Frieden und zur Andacht angeordnet wurde?" Dieser antwortete mit dem denkwürdigen Ausspruch: „Das von den Vätern befohlene Stillschweigen zu halten, den Lärm der Menschen und den Müßiggang zu meiden!" Diese drei Dinge sind im Ordensstand höchst notwendig und Gott und den Engeln wohlgefällig: nämlich Handarbeiten zu verrichten gegen den Müßiggang, gern und fleißig lesen gegen den Überdruss des Herzens und im Gebete anzuhalten gegen die Arglist des bösen Feindes. Dies loben die heiligen Väter, sowohl der ältern als der neueren Zeit, weil ein Bruder, der da schweigt und Gott dient, den Segen des Himmels von ihm empfängt, sich tauglicher macht, göttliche Dinge zu betrachten, und reichlicher vom Lichte der Gnade erleuchtet wird. Ein Umherläufer aber und Schwätzer, der müßig geht, wird der himmlischen Gaben unwürdig und fällt anderen zur Last.

¶ *Man soll der Schweigsamkeit zuliebe bisweilen sogar auf gute Gespräche verzichten.* Regel des hl. Benedikt ¶

Nicht lange kann der Stolze schweigen, denn er trachtet danach, für gelehrt zu gelten und von andern gelobt zu werden. Wer anmaßend spricht, der wird von vielen getadelt; wer aber verschämt schweigt, verdient die Gunst der Anwesenden.

~ Johannes vom Kreuz
Wie Gott unterrichtet

In Stille und Muße, verdunkelt für alles Sinnenhafte und Naturhafte, unterrichtet Gott den Menschen auf sehr verdeckte und geheimnisvolle Weise, ohne dass dieser weiß, wie das geschieht. Manche geistlichen Menschen nennen das ein Verstehen ohne zu verstehen. Denn dieses Verstehen geschieht nicht im Verstand, den die Philosophen „aktiv" nennen und der in den Formen und Fantasien und im Erfassen mit dem körperlichen Können wirksam ist. Es geschieht vielmehr im Verstand, der „virtuell" oder „passiv" heißt. Er empfängt ohne solche Formen einzig und allein auf passive Weise eine von Vorstellungen entblößte, ins Mark reichende Einsicht, die ihm gegeben wird, ohne dass er ein aktives Werk oder einen aktiven Dienst verrichtet.

~ Johannes vom Kreuz
Vom Stillschweigen

Ein Wort hat der ewige Vater gesprochen, und dieses Wort war sein Sohn, und er spricht zu uns dasselbe in ewigem Schweigen. Und im Schweigen soll die Seele dieses Wort vernehmen.

Rede wenig und mische dich nicht in Dinge, über die du nicht gefragt bist!
Beklage dich über niemanden, frage um nichts, und musst du eine Frage stellen, so geschehe es mit wenigen Worten!
Widersprich nicht und rede nie ein Wort, das nicht aufrichtig ist!
Deine Rede sei so beschaffen, dass sich niemand beleidigt fühlt, und betreffe Dinge, die alle hören können, ohne dass du darüber Reue empfinden musst!
Bewahre den geistigen Frieden mit einer liebenden Aufmerksamkeit auf Gott, und wenn du reden musst, so geschehe es mit derselben Ruhe und demselben Frieden!
Bewahre Schweigen über die Gunstbezeugungen Gottes und denke an das Wort der Heiligen Schrift: Mein Geheimnis ist für mich. (Is 24,16)

Möchten doch die Menschen bedenken, wie sehr sie sich selbst überwinden und in der heiligen Strenge der Vollkommenheit wandeln sollten, und nicht vergessen, dass Gott sie über jedes Wort zur Rechenschaft ziehen wird, das sie, ohne sich nach dem Gehorsam zu richten, sprechen!
Der Verkehr mit Menschen über die Grenzen der Notwendigkeit und Billigkeit hinaus ist noch keinem, so heilig er auch sein mochte, heilsam gewesen.
Es ist unmöglich, Fortschritte zu machen, wenn man sich bei seinem Handeln und Leiden nicht in Schweigen hüllt.
Um den Tugenden zum Wachstum zu verhelfen, muss man schweigen und tätig sein. Denn Reden zerstreut, Schweigen und Handeln führt zur Sammlung.

Kennt einmal jemand den Rat, der ihm bezüglich seines geistigen Fortschrittes gegeben wurde, so hat er nicht nötig, noch um weiteren Aufschluss zu bitten. Er soll schweigen und sich mutig, still und sorgfältig ans Werk machen, und zwar in Demut, Liebe und Selbstverachtung.
Das Wichtigste und dem Menschen am meisten Zuträgliche ist, Gott in der Stille zu dienen, d. h. sowohl den Gelüsten als auch der Zunge Schweigen gebieten; nur so vernimmt man die Worte der Liebe.
Ich habe folgende Beobachtung gemacht: Eine Seele, die Neigung hat zum Reden und zur Unterhaltung, merkt wenig auf Gott; achtet sie aber auf Gott, dann fühlt sie einen mächtigen Drang, sich in ihr Inneres zurückzuziehen, der sich im Schweigen und in der Flucht vor jeder Unterhaltung kundgibt.
Es gefällt Gott mehr, wenn die Seele an ihm ihre Freude findet als an irgendeinem Geschöpfe, mag es auch noch so vollkommen und wertvoll für die Seele sein.

~ Francisco de Osuna
Rat der Schrift

Die Heilige Schrift gibt uns oft den klugen Rat, schweigend unser Heil zu erwarten, damit im Zustand schweigenden Offenseins, wie ihn die Heiligen lebten, das allmächtige Wort empfangen werden kann, wenn es von seinem Throne herabsteigt, um in unser Herz zu kommen. Es ist nicht leicht, dieses Schweigen zu wahren, denn der böse Drache versucht es mit einem Heer von Gedanken zu stören, damit Gott im Himmel unserer Seele keine rechte Ruhe finde. Darum müssen wir uns, sagt Gregor der Große, um so mehr bemühen, dass Gott in uns ruhen kann. Wir dürfen in diesem Schweigen auch nicht für eine halbe Stunde nachlassen. Es wird euch auch gesagt, dass ihr die liebe und andächtige Seele nicht daraus wecken sollt, ehe es ihr gefällt, damit man von jenen, die im Schutze dieser geheimen Verborgenheit bleiben, sagen kann: „Sie waren glücklich, weil sie schwiegen, und der Herr brachte sie in den Hafen ihres Willens. Lob sei dem Herrn für seine Barmherzigkeit und für die Wunder, die er an den Menschenkindern tut."

Dieser Hafen, in den der Herr uns bringt, so möchten wir erklären, eine Ruhe, wie sie die Gottliebenden ersehnen. Man erreicht sie mit Sicherheit, indem man den Verstand mit innerer Gelassenheit in Schweigen versetzt. Unser Bemühen reicht nicht aus, ihn ganz zum Schweigen zu bringen, da diese Anstrengung uns wieder in tausend Fragen verwickelt; sofern wir aber unseren Verstand bereits unseren Möglichkeiten entsprechend in Schweigen versetzten, schenkt Gott selbst uns die ersehnte Ruhe, wie auch Jesaja sagt: „Das rechte Tun schafft ständige Ruhe und Sicherheit." ¶ *Wenn auch unser eigenes Schweigen nur unvollkommen sein kann, niemals gänzlich und vielleicht nur eine halbe Stunde durchzuhalten, oder nur ein halbes Schweigen ist, dürfen wir deshalb doch nicht nachlassen in unserem Bemühen.* ¶ Denn der Herr kann es vervollkommnen, wie es der Prophet versprochen hat, als er sagte: „Fürchte dich nicht, Zion, lass deine Hände nicht sinken! Der Herr, dein Gott, ist stark in deiner Mitte. Er wird dich retten, er wird froh sein über dich, und er wird schweigen in seiner Liebe. In Jubel wird er frohlocken über dich."

Ein wunderbares und lobenswertes Schweigen ist das der Liebe, in der unser Verstand ganz still wird, da er eine Erfahrung macht, die ihn zutiefst erfüllt. Wir wissen ja, dass im liebenden Zusammensein beide Partner schweigen, und die Liebe ersetzt den Vereinten, was an Worten fehlt.
Alle Ängste eines Kindes sind vorbei, wenn die Mutter es in die Arme nimmt: Es denkt nicht mehr ans Sprechen, und auch die Mutter schweigt in ihrer Liebe. O wie unsäglich und unerklärlich ist die Stille, wenn Gott und die Seele in Liebe schweigen, wenn er auf sie herabkommt wie ein Strom des Friedens, wie ein lieblicher Bach. Wenn von ihm, der ein lebendiger Quell ist, schweigend die Wasser Siloahs fließen, wenn die Worte aufhören und die Werke beginnen. Wenn die Seele schweigt, weil sie nichts mehr zu erbitten weiß, da all ihre Wünsche erfüllt sind. Wenn der Herr schweigt, weil er keinen Fehl an der mehr findet, die ihm so viele Zeichen der Liebe gibt.

¶ *Der Freund der Stille nähert sich Gott, und während er sich insgeheim mit ihr unterhält, empfängt er ihr Licht.* Johannes Climacus ¶

〜 Kees Waaijman
Uneingeschränkte Regel

In der Zelle bleiben, in der Schrift lesen, Gebete sprechen und in der Eucharistiefeier zusammenkommen sind elementare Einübungen. Auch Stille wahren ist eine solche elementare Aneignung. Die Karmeliten halten Stille, wie Juden den Sabbat halten. Alle Tätigkeiten werden in die Stille eingetaucht. Aber es geschieht mehr. ¶ *Wer Stille wahrt, beherbergt sie.* ¶ Wie sich das Licht in einem Kristall sammelt und zerstreut, so lässt der Karmel die Stille in seiner Mitte zu, in der Hoffnung, dass sie sich von ihm aus ausbreitet.

Bei alldem klingt eine gewisse Absolutheit an. Das kommt daher, weil Stille wahren (tenere) mit Stille ausbreiten (tendere) zusammenhängt. Wer Stille wahrt, will, dass die Stille absolut sei. Stille halten heißt: der Stille die volle Reichweite geben, sie uneingeschränkt zur Geltung kommen lassen. Wer Stille wahrt, sucht sie immer unbedingter herrschen zu lassen.

Die Einübung der Stille lässt den, der sie übt, nicht unberührt. Er wird selber Stille. Wer Stille wahrt, hat eine innige Beziehung zur Stille. Wie ein glühender Holzklotz Feuer hält, so hält der Karmelit Stille. Er trägt sie in sich. Wie ein eisenhaltiger Boden von Eisen und ein wasserhaltiger Stoff von Wasser ganz durchtränkt ist, so ist ein Stille wahrender Mensch ganz von Stille durchtränkt. Er trägt Stille in sich. Er wahrt Stille.

Von jetzt an durchtränkt die Stille alle seine Tätigkeiten. Die Verrichtungen der Nacht: das Abendgebet, die Nachtwache, die nächtliche Erwägung in der Weisung des Herrn und die einfache Handarbeit beim spärlichen Licht. Alle Verrichtungen werden zur Nachtstille, bis einschließlich des nächtlichen Schlafs. In gleicher Weise durchtränkt die Tagstille alle Verrichtungen des Tages: die Unterweisung, die Arbeit auf dem Feld, die Sorge für das Haus und die Tiere, das Beten der kleinen Horen, das Murmeln der Schrift, die tägliche Handarbeit, die Sorge für den Leib und den Umgang miteinander. Stille wahren heißt: alle Verrichtungen des Tages und der Nacht der umformenden Wirkung der Stille aussetzen. Stille wahren heißt: loskommen von allen Kodierungen, die uns gefangen halten, und sich öffnen für den Unaussprechlichen, der uns seine stille Gegenwart fühlen lassen will.

Stille ist die Mutter des Gebens, die Befreiung aus der Verbannung, der Schutz vor dem Feuer, die Behüterin der Gedanken, die Bekämpferin der Feinde, die Gefährtin der Ruhe, die Widersacherin des Drangs zum Unterweisen, die Hilfe der Erkenntnis, die Handwerksfrau der Betrachtung, ein unsichtbarer Fortschritt und eine geheime Besteigung. Der Freund der Stille nähert sich Gott, und während er sich insgeheim mit ihr unterhält, empfängt er ihr Licht (Johannes Climacus).

¶ *Das Schweigen gehört zur Grundstruktur des Menschen.* *M. Picard* ¶

IN DER ZELLE BLEIBEN – EINSAMKEIT AUSHALTEN

Thomas von Kempen
Liebe die Zelle

Ja, fliegen wollte ich fort von hier und in der Wüste weilen (Psalm 54,8). Warum? Wegen des vielen Guten, das daraus hervorgeht, um die Zerstreuungen meines Herzens durch viele Dinge, die ich sehe und höre, zu vermeiden, da das, was das Auge nicht sieht und das Ohr nicht hört, dem Herzen nicht wehe tut, und auch dasselbe nicht leicht verwirrt. Gut ist es also, verborgen zu sein und zu schweigen, um den Frieden des Herzens und die Andacht zu bewahren. Dazu bedarf es einer stillen Stätte und des Abstandes von der Menge, damit kein Lärm ist. Denn so wie der Fisch außerhalb des Wassers bald stirbt, so wird auch der Mönch außerhalb der Zelle leicht zerstreut und verunreinigt. Die kluge Biene, die aus Blumen Honig sammelt, fliegt rasch davon und kehrt mit Freuden zu ihrer Verborgenheit zurück, wo sie ihren Honig sorgsam in ihrem Bienenstock birgt, um zur Zeit des Winters im Verborgenen davon leben zu können. Denn sie verbirgt deshalb die Süßigkeit des Geruches, weil sie nicht durch das Umherschwärmen die Frucht ihrer Arbeit wieder verlieren will. Denn kostbare Gewürze, die in einem Gefäß wohl verschlossen werden, duften kräftiger, als wenn sie offen und frei dastehen, weil sie dadurch bald die Stärke des

Geruches verlieren. Auch Blumen sterben, wenn sie die Hand berührt; sind sie dagegen im Blumengarten verwahrt und durch hohe Mauern geschützt, so stehen sie in Sicherheit. Im verschlossenen Rosengarten wachsen sie ungestört, sie verwelken aber und werden mit Füßen getreten, wenn man sie auf dem Weg ausstreut.

So wird auch der umherlaufende und unstete Mönch verächtlich, wenn man ihn oft draußen sieht; flieht er aber die Volksmenge und bleibt drinnen, dann wird er als ein Heiliger geachtet. Eine brennende Kerze wird bald vom Wind ausgeblasen; ist sie aber in der Laterne eingeschlossen, dann wird sie sicher fortbrennen. So wird der Eifer der Andacht in der verborgenen Kammer am sichersten erhalten, in äußerlichen Geschäften aber wirst du sie am leichtesten verlieren.

So liebe denn die Zelle und das Stillschweigen, wenn du fromm und zufrieden im Innern bleiben willst. Der muss sehr stark und behütet sein, der draußen in der Welt unter den Menschen wandelt und sein Inneres nicht Schaden leiden soll. Bleibe also gern in der Einsamkeit und in der Zelle um der Andacht willen, gleichwie die allerseligste Jungfrau Maria einsam in ihrer Kammer verschlossen blieb und mit dem heiligen Engel redete, den ihr Gott vom Himmel gesandt hat, damit auch zu dir der heilige Engel, der himmlische Bote des Herrn und der treue Hüter deiner Seele einkehre und der böse Geist aber mit all seinen Blendwerken von dir weiche. Ein frommer Liebhaber des Stillschweigens sagte: „Selten kann ich lange mit den Menschen sprechen, ohne dass ich mein Gewissen innerlich verletze." Und ein anderer sprach: „Sehr erbaulich muss das Werk sein, durch das das Stillschweigen verbessert werde." Und ein Dritter sprach: „Edel ist das Wort, das zu seiner Zeit gesprochen wird." Und ein Vierter fügte bei: „Wer seinen Mund fest verschließt, der verleumdet und lügt nicht."

~ Anselm Grün
In der Zelle bleiben

Ein wichtiger Weg zur Ruhe ist im Mönchtum das Ausharren im eigenen Kellion. Die Einsiedler, die in ihrem Kellion wohnten und arbeiteten, verspürten häufig die Versuchung, vor ihrer Einsamkeit davonzulaufen und sich in der Welt nützlich zu machen. Dort könnten sie Kranke besuchen, den Armen helfen. Damit würden sie das Gebot Christi erfüllen. Doch in der Wüste verläuft ihr Leben, ohne dass andere davon Notiz nehmen. Das ist doch sinnlos. Die Mönche kennen solche Gedanken, die sie aus dem Kellion treiben möchten. Doch ihr Rat lautet immer wieder: „Geh in dein Kellion und setze dich nieder, und das Kellion wird dich alles lehren." Ich muss in meinem Kellion gar nicht fromm sein. Ich muss weder beten noch fasten. Aber ich darf meinen Leib nicht aus den Mauern des Kellions hinauswerfen, wie es in einem Väterspruch heißt. Wenn ich äußerlich in meinem Kellion aushalte, dann kommen auch meine Gedanken in Ordnung. Ich werde meiner eigenen Wahrheit begegnen. Die wird anfangs nicht sehr angenehm sein. Aber wenn ich nicht gleich weglaufe, sondern bleibe und die Gedanken vor

Gott anschaue, verlieren sie ihre Macht über mich und werden sich bald verflüchtigen und beruhigen. Die äußere Stabilitas, das äußere Bleiben, erzeugt allmählich eine innere Stabilität, eine innere Festigkeit und Ruhe.

Schon Blaise Pascal hat darüber geklagt, dass heute keiner mehr allein in seinem Zimmer bleiben kann. Darin sieht er die größte Not seiner Zeit. Was würde Pascal wohl heute sagen, wo es noch weit mehr Fluchtmöglichkeiten gibt als im 17. Jahrhundert? Sich selbst auszuhalten, ohne sich abzulenken, selbst ohne ein Buch zu lesen, das ist gar nicht so einfach. Wir meinen dann vielleicht, wir könnten die Zeit nützen und etwas studieren. Oder wir könnten etwas erledigen, was wir schon lange liegen gelassen haben. Aber im Kellion bleiben meint, dass ich einmal bewusst gar nichts tue, dass ich nur dasitze und mich vor Gott wahrnehme. Was taucht in mir auf? Was beschäftigt mich eigentlich? Was bewegt mich innerlich? Vielleicht spüre ich Ärger oder Angst oder Unzufriedenheit. Die Mönche vergleichen dann ihr Tun mit dem des Fischers. Der sitzt ruhig vor dem Wasser und wartet, bis ein Fisch auftaucht. Dann fängt er ihn und wirft ihn ans Land. So soll der Mönch wachsam am Meer seines Herzens sitzen und warten, bis die Fische seiner Gedanken und Emotionen auftauchen. Dann kann er sie fangen und sie hinauswerfen. Aber wer in der Ruhe das Wasser seines Herzens betrachtet, fängt nicht nur die Fische, die auftauchen. Er kann auch sich selbst wie in einem Spiegel sehen. Das hat ein Einsiedler seinen Besuchern vorgeführt, die ihn provozieren wollten, dass sein Bleiben in der Einsamkeit doch nutzlos sei. Er führt sie an seinen Brunnen. Dann wirft er einen Stein hinein und fordert seine Besucher auf, hineinzusehen. Sie sehen nur Wellen. Dann lässt er sie warten, bis alles ruhig ist. Nun sehen sie sich wie in einem Spiegel. Nur wer den Mut hat, in seinem Kellion zu bleiben und im Schweigen in den Spiegel seiner Seele zu schauen und seine Wahrheit vor Gott auszuhalten, findet den Weg zu wahrer Ruhe.

In der Stille hören

Anselm von Canterbury
Kammer des Herzens

Nun denn, o Mensch, entflieh ein wenig deinen Beschäftigungen, verbirg dich eine Weile vor deinen unruhigen Gedanken. Wirf jetzt von dir die lastenden Sorgen und lasse deine mühselige Arbeit. Wende dich ein wenig zu Gott und ruhe etwas in ihm. Ziehe dich zurück in die Kammer deines Herzens, schließe aus alles, was nicht Gott ist oder was dir nicht hilft, ihn zu suchen, und suche nach ihm hinter geschlossener Tür. Sprich nun, du mein ganzes Herz, sprich so zu Gott: Dein Antlitz suche ich, dein Antlitz, Herr, begehre ich.

Silja Walter
Wissen durch Hören

Euer Ohr vernehme das Wort seines Mundes (Jeremia 9,20).
Und das Wort war Gott (Johannes 1,1)
Woher weiß das Johannes? Er muss es von dir gehört haben. Aus sich selbst konnte er das nicht wissen. Er hörte es, darum weiß er es. Nur durch Hören konnte er wissen, wer du bist, Gott, und sagen, du seist Wort.

Bist du aber Wort, dann bin ich Ohr. Was soll ich anders sein in diesem Fall? Sprich also, Gott, sprich, Wort, zu mir, ich bin ganz Ohr. Aber nicht ich allein, alles, was noch ist, außer dir, Wort, ist Ohr, nichts anderes und nie etwas anderes als Ohr und Gehör für dich. Mehr sein als Ohr gibt es nicht vor dir, Wort. Wir, alles andere als du, wir, das Ganze außer dir, sind von dir dazu geschaffen, Ohr vor dir zu sein. Das gehört sich so. Denn wo ein Ohr ist, da redet jemand. Hören beweist dich also.
Dich beweisen, du Unbeweisbarer, was soll das heißen? Was weiß ich denn. Ich weiß nur, wenn ich dich höre, dann bist du da. Und das weiß ich auch: Bist du da, dann höre ich dich.
Weiß ich das wirklich? Ja, denn dann höre ich dich, auch wenn ich es nicht weiß. Denn Wort bist du immer und ich immer Ohr, ob ich es weiß oder nicht.
Kannst du denn einmal nicht da sein? Wenn du das kannst, ja, dann werde auch ich dich nicht hören können. Aber das kannst du nicht.
Ich will das Schweigen der Ordensregel lernen, Rufer, Wort. In diesem Schweigen hört man durch alles hindurch, und in diesem Hören erkenne ich dich.

~ Silja Walter
Kapitel von der Schweigsamkeit

Schweigt still vor mir,
sodass ich reden kann (Ijob 13,13).
Alles redet, alles, was es gibt, redet. Was man sieht, redet. Das Weizenfeld sagt: „Schön, golden, gut geraten, der Wind geht,

der Mohn ist rot" und so weiter. Der Himmel singt: „Grünblau bis violett am Rand, es wird regnen, sieh mal meine süßen, gelben Flocken, Wolkenflocken, das ist eine Möwe, der Mond nimmt wieder zu." Und so redet alles, was man sieht; auch die Kreuzgänge des Klosters, der Innenhof, die Fassaden, die Zellentüren – was redet nicht alles, wenn man es ansieht. Und man kann sich diesem Ansehen nicht entziehen, den ganzen Tag nichts ansehen geht nicht. Und so redet es dauernd durch die Augen in einen herein. ¶ *Man hört auch mit den Augen, das wird niemand bestreiten.* ¶

Umso mehr redet alles, was man hört, vom Schlag der Uhr, vom Schritt der Nachbarin auf den Fliesen vor meiner Zelle bis zum Dröhnen des Jumbojets um halb zehn Uhr vormittags, alles redet herein, wenn man sich zu schweigen entschlossen hat. Dann beginnt das Gerede. Alles redet, was man anfasst, fühlt und so weiter, ich wollte nur beweisen, dass uns eine ungeheure Redseligkeit umgibt, eine Dauerrede, ein Redeschwall, allein schon aus der Existenz der Dinge. Schweigen ist noch lange nicht Stille, im Gegenteil, wenn ich schweige, beginnt der Lärm.

Meine liebe Regel, wie bringst du einem Menschen unter diesen Umständen das Schweigen bei? Schweigen muss er nämlich, sonst hört er nicht. Hört er aber nicht, ist er kein Jünger.

Schweigen und Hören
ist Sache des Jüngers (R 6,6).

Ich stelle fest: Die Regel lässt das Schweigen durch alle Trakte, durch alle Räume, durch alle Kapiteltüren und Verse fließen,

durch alle Korridore und Abschnittsfenster, Schweigen und Hören sind ihr Anfang und Ende.
Aber wenn ich den Jahrmarkt in mir, die Karussells, Buden und Schiffschaukeln in mir wahrnehme, dieses ganze Getriebe und all die Zufuhr an Treibstoff, was da alles umgesetzt wird im Verlauf einer Stunde allein, da muss ich sagen: Nein, ich bin nicht nur ein Mensch, ich bin eine ganze Stadt. Meine liebe Regel, wie bringst du einer Stadt das Schweigen bei?
Die Regel hat ihr System: Sie isoliert. Sie isoliert zunächst Quartier um Quartier, lässt dann ihren Schweigefluss durch alle Gassen, über alle Plätze, aus allen Brunnen, durch alle Kanäle laufen, und Bezirk um Bezirk, Kreis um Kreis der Stadt wird still.
Das Reden des Mundes, der Schwall der Gedanken, die ganze Bilderkette, dann die Süchte des Herzens, die Augenwünsche, Gier und Gelüste, alles Tun und Dünken, Fürchten und Treiben und Geltenwollen, alles versucht die Regel durch die Schweigsamkeit stillzulegen und so zur Ruhe zu bringen. In die Ruhe des siebenten Tages. Da lag die ganze Kreatur still und lauschend, gelöst und hingewendet mit ihrem ganzen Gesicht auf den Herrlichen hin. Dieses Schweigen und dieses Horchen des siebenten Tages öffnet den Abgrund, den Urgrund, worüber mein Ruf schwebt. Und je reiner die Luft ist vom Ichlärm aus mir, in mir und um mich, desto kleiner werde ich unter dem Wehen seiner Flügel, umso nichtssagender, umso stiller. Wo der Ruf aus dem Anfang kreist, da gibt es von selbst nur noch das horchende, wartende Herz.
Ob er darauf niedergehen wird?

¶ *Heiliger Geist,*
du erfüllst das All.
In einem Stillehauch
sagst du jedem von uns:
Fürchte dich vor nichts,
tief in dir ist Gott gegenwärtig.
Suche,
und du wirst finden.

Frère Roger ¶

II.

Schweigen üben

„Schweigend entdecken wir,
wie es um uns steht."
(Anselm Grün)

Im Schweigen zur Ruhe kommen

~ Otto Betz
Anfänge des Schweigens

Wie schwer mir das Schweigen fällt.
Die vielen Stimmen wollen nicht verstummen,
der Wirbel vieler Töne hallt noch nach.
Und wenn ich die Augen schließe,
überfallen mich tausend Dinge,
ein Husarenritt bunter Einfälle überstürzt mich.

Und dennoch will ich es mit dem Schweigen versuchen.
Wenn ich nicht davonlaufe,
kommen meine Beine zur Ruhe.
Wenn ich nicht nach allem greife,
kann ich meine Arme und Hände fallen lassen.
Wenn sich die Augen nicht mehr aufregen,
können sie gelassen werden und sich schließen.
Wenn die Ohren ihre Neugier verlieren,
können sie sich horchend versammeln.

Wie lange es dauert,
bis die lärmende Unruhe vergeht.
Wie lange es dauert,

bis das wilde Flimmern der bunten Dinge sich legt.
Wie lange es dauert,
bis ich aus den vielen Stimmen eine einzige heraushöre.
Wie lange es dauert,
bis ich im Dunkel ein Licht erkenne.

Wie leicht mir das Schweigen fällt,
wenn ich mich nicht mehr festhalten muss.
Im Schweigen kann ich mich selbst einholen,
ohne mich krampfhaft zu behaupten.
Im Schweigen bin ich den Wegen der Schöpfung nah,
jetzt erst weiß ich, was Wandlung ist.
Erst im Schweigen lerne ich,
was das geduldige Warten bedeutet.
Die Mitte des Schweigens muss erreicht sein,
damit das allherrschende Wort kommen kann.

Anselm Grün
Der Weg der Achtsamkeit

Ein Weg, von der Unruhe zur Ruhe zu kommen, besteht darin, alles, was ist, bewusst wahrzunehmen und in jedem Augenblick achtsam zu leben. Ich kämpfe dann nicht gegen meine Unruhe, sondern ich nehme sie bewusst wahr, ich achte darauf, was sich in der Unruhe in mir abspielt. Dieses behutsame Achtgeben verwandelt schon meine Unruhe. Ich lasse die Unruhe sein, anstatt gegen sie anzukämpfen. Dann ist sie noch da, aber sie hat mich nicht mehr im Griff. Ich schaue sie an. Sie darf sein. Aber sie bestimmt mich nicht mehr. Der Punkt in mir, der die Unruhe anschaut, ist selbst nicht mehr von ihr infiziert. Ich freunde mich mit meiner Unruhe an. Das beruhigt sie mehr, als wenn ich sie mit Gewalt bekämpfe. Ich achte darauf, wie sich die Unruhe äußert, in meinen Gedanken, in meinem Leib. Ich beobachte, wie sie aufsteigt, wie sie stärker wird und wie sie wieder verebbt. Ich nehme meine Unruhe bewusst wahr, ohne von ihr bestimmt zu werden. Mitten in der Unruhe bin ich auf diese Weise doch ruhig.

Achtsamkeit kommt von achten, aufmerken, überlegen, nachdenken. Ich handle überlegt, aufmerksam, bewusst. Ich bin ganz bei dem, was ich tue. Ich weiß um das, was ich tue. In meinem Tun bin ich mit all meinen Sinnen dabei. Da sind der Leib und der Geist in gleicher Weise tätig. Achtsam sein heißt auch, dass ich in jedem Augenblick ganz gegenwärtig bin. Ich spüre das Geheimnis des Augenblicks, das Geheimnis der Zeit, das Geheimnis meines Lebens. Und ich bin mit vollem Wissen und klarer Überlegung bei dem, was ich tue, was ich berühre, womit ich arbeite. Ich nehme bewusst und achtsam mein Handwerkszeug in die Hand, meinen Kugelschreiber, meinen Autoschlüssel. Ich gehe behutsam mit meinem Computer um. Ich bin in meinen Sinnen, in meinem Leib. Ich nehme wahr, was sich in mir regt, aber ohne ängstlich zu grübeln, ob diese oder jene Regung in meinem Leib auf eine Krankheit hinweist. Ich gehe achtsam. Ich bin in meiner Bewegung, in jedem Schritt. Ich spüre meinen Leib, meine Muskeln, meine Haut. Natürlich kann ich nicht jeden Augenblick bewusst leben. Das wäre wieder eine Überforderung. Aber es ist eine gute Übung, täglich eine Zeit bewusst in dieser Achtsamkeit zu leben. Die Achtsamkeit könnte dann auch zu einem kleinen Ritual werden. Ich verlasse achtsam mein Haus, gehe bewusst durch die Straßen, bin in meinen Sinnen und spüre die kalte Luft, den Wind, der mich durchbläst, oder die Sonne, die mich bescheint. Ich genieße jeden Schritt. Ich spüre: Ich gehe jetzt, ich bin ganz in meinem Gehen. Ich bin ganz da.

Ein anderes Wort für Achtsamkeit ist Sammlung. Wer gesammelt ist, der bringt in sich das Verschiedene und Zerstreute zusammen. Er ist mit sich selbst vereinigt. Er ist eins mit sich, eins mit dem, was er tut. Er lässt sich nicht von den verschiedensten Dingen und Tätigkeiten ablenken. Er bringt alles zusammen. Das Wort Sammlung klingt in allen Worten an, die mit dem Suffix „-sam" enden. Der Acht„-same" bringt die Achtung, die Überlegung mit seinem Tun, mit dem Gegenstand, den er berührt, mit dem Augenblick zusammen. Der Behut„-same" verbindet die Hut, den Schutz mit dem, was er tut. Er breitet über alles, was er tut, seine Fürsorge, seine Obhut, seine Bewachung. Er ist wach bei dem, was er tut. Und das Wort „Sammlung" ist eingegangen in das Wort „sanft". Sanft ist der, der friedlich zusammen ist mit den Menschen und mit den Dingen, mit denen er umgeht.

So führt die Sammlung heraus aus der Zerstreuung, aus der Ablenkung, aus der Unruhe, und hinein in ein gesammeltes, achtsames, sanftes Tun. Wer zusammen ist mit dem, was er berührt, der geht sanft damit um. Wer zusammen ist mit sich selbst, mit seinen verschiedensten Bedürfnissen und Wünschen, mit seinen Leidenschaften und Emotionen, der ist sanft mit sich selbst, der lebt im Frieden zusammen mit den Gegensätzen, die in ihm sind. Und wer beim anderen ist, dem er begegnet, der kann nicht grob und hart sein. Wer mit dem anderen zusammen ist, wird ihm sanft gegenübertreten.

~ Thomas Merton
Der kontemplative Weg

Es gibt eine höhere Art des Horchens, das nicht der Empfang auf einer besonderen Wellenlänge ist oder die Empfänglichkeit für eine besondere Art von Botschaft, sondern eine allgemeine Leere, die darauf wartet, die Fülle in der eigenen scheinbaren Leere aufzunehmen. Mit anderen Worten, der wahre Kontemplative ist nicht jemand, der seinen Geist auf eine bestimmte Botschaft einstellt, die er hören möchte oder erwartet, sondern einer, der leer bleibt, weil er weiß, dass er niemals das Wort, das seine Dunkelheit in Licht umwandeln wird, erwarten oder voraussehen kann. Er hofft noch nicht einmal auf eine besondere Wandlung. Er sucht nicht eher Licht statt Dunkel. Er wartet schweigend. Wenn ihm „geantwortet" wird, ist es nicht ein Wort, das plötzlich in sein Schweigen einbricht. Sein Schweigen selbst enthüllt sich ihm jäh und auf unerklärliche Weise als ein Wort von großer Kraft.

¶ *Die Leere kann uns genauso gut Auge in Auge mit dem Teufel bringen und tatsächlich tut sie es manchmal. Das ist eine der Gefahren dieser geistlichen Wüste.* Thomas Merton ¶

Aber kein Mensch wird dadurch zum Kontemplativen, dass er die wahrnehmbaren Wirklichkeiten einfach „auslöscht" und allein mit sich im Dunkeln bleibt. Wer dies absichtlich nach einer praktischen Überlegung über dieses Thema und ohne inneren Anruf tut, geht nur in eine künstliche, von ihm selbst gemachte Dunkelheit ein. Er ist nicht allein mit Gott, sondern allein mit sich selbst. Er ist nicht in Gegenwart des Transzendenten, sondern eines Idols: seiner eigenen selbstgefälligen Person. Er taucht in sich selbst ein und verliert sich in sein eigenes Ich, in einen schlaffen, primitiven und infantilen Narzissmus. Sein Leben ist ein „Nichts", nicht etwa in dem dynamischen, geheimnisvollen Sinn, in dem das „Nichts", das nada des Mystikers paradoxerweise auch das „alles", todo, Gottes ist. Es ist nur das pure Nichts des endlichen Seins, das, sich selbst überlassen, in der eigenen Plattheit aufgeht. Er macht einen Kult aus dem „Stillsitzen", als ob dies in sich schon die magische Kraft hätte, alle Probleme zu lösen und den Menschen mit Gott in Kontakt zu bringen.

Das ist die Versuchung, die jene befällt, die Bücher über die Mystik lesen, ohne sie zu verstehen. Die Folge ist ein offensichtlich negatives geistliches Leben, wo Zerstreuungen und Stimmungen sich auf Kosten jener reifen, ausgeglichenen Wirksamkeit des Geistes immer mehr einnisten. Es würde geistig, geistlich und moralisch großen Schaden anrichten, wollte man in diesem öden Zustand verharren. Die Leere kann uns genauso gut

Auge in Auge mit dem Teufel bringen und tatsächlich tut sie es manchmal. Das ist eine der Gefahren dieser geistlichen Wüste. Der kontemplative Weg ist daher in keiner Weise eine gezielte „Technik" der Selbstentleerung, um ein esoterisches Erlebnis hervorzubringen. Er ist vielmehr die paradoxe Antwort auf einen fast unbegreiflichen Anruf Gottes, der uns in die Einsamkeit lockt und uns in Dunkelheit und Schweigen taucht; nicht, um uns einer Gefahr zu entziehen oder uns abzuschirmen, sondern um uns durch ein Wunder der Liebe und Allmacht durch unzählige Gefahren sicher hindurchzuführen.

~ Anthony de Mello
Die Kraft der Umwandlung

Schweigen ist die große Offenbarung, hat Laotse gesagt. Wir haben uns daran gewöhnt, die Heilige Schrift für die Offenbarung Gottes zu halten. Und das ist auch richtig. Nun aber sollst du die Offenbarung des Schweigens entdecken. Um die Offenbarung aufzunehmen, welche die Heilige Schrift anbietet, musst du dich innerlich der Heiligen Schrift öffnen. Um die Offenbarung des Schweigens aufzunehmen, musst du zunächst das Schweigen erfahren. Das ist nicht leicht. Wir wollen es in unserer ersten Übung versuchen.

Jeder soll eine bequeme Sitzhaltung einnehmen. Schließt die Augen. Ich lade euch ein, etwa zehn Minuten lang Schweigen zu bewahren. Versucht, still zu werden, so vollkommen wie möglich – versucht, ein Schweigen des Herzens und der Gedanken zu erreichen. Habt ihr es erreicht, öffnet euch den verschiedenen Offenbarungen des Schweigens. Nach zehn Minuten bitte ich euch, die Augen zu öffnen und uns mitzuteilen, was ihr getan und was ihr in diesen zehn Minuten erfahren habt ...

Erzählt uns dabei auch, auf welche Weise ihr euch um Schweigen bemüht habt und wie erfolgreich eure Bemühungen waren. Beschreibt dieses Schweigen, so gut ihr könnt. Schildert, was ihr in diesem Schweigen erfahren habt. Sprecht alles aus, was ihr während dieser Übung gefühlt und gedacht habt.

Die Erfahrung, die diese Übung vermittelt, ist von Mensch zu Mensch verschieden. Die meisten entdecken zu ihrer Überraschung, dass sie an Schweigen einfach nicht gewöhnt sind. Auch mit der größten Anstrengung können sie nicht das ständige Umherschweifen der Gedanken unterbinden oder den Aufruhr der Gefühle beruhigen. Andere spüren, wie sie sich den Anfängen des Schweigens nähern. Dann erfasst sie Panik, und sie kehren um. Schweigen kann ein furchterregendes Erlebnis sein.

Kein Grund zur Entmutigung. Selbst dieses Umherschweifen der Gedanken ist eine große Offenbarung, nicht wahr? Die Tatsache, dass du umherschweifende Gedanken hast: Ist das nicht eine Offenbarung von dir selbst? Es genügt nicht, das zu wissen. Du musst dir Zeit lassen, die umherschweifenden Gedanken zu erfahren. Und die Art, wie deine Gedanken umherschweifen, welche Wege sie gehen: auch das ist eine Offenbarung!

Und nun ein Wort der Ermutigung: Die Tatsache, dass dir überhaupt bewusst wird, wie sehr deine Gedanken umherschweifen, dass du den inneren Aufruhr und deine Unfähigkeit, ruhig zu sein, wahrnimmst, zeigt, dass du doch ein wenig Schweigen in dir hast, genug zumindest, dass dir diese Dinge bewusst werden.

Schließe die Augen wieder und werde dir deiner umherschweifenden Gedanken bewusst ... nur zwei Minuten lang ...
Nun empfinde das Schweigen, durch das du deine umherschweifenden Gedanken wahrnehmen konntest.
Während das Schweigen wächst, wird es dir immer mehr über dich selbst offenbaren. Oder genauer: Das Schweigen wird dir dich selbst offenbaren. Das ist seine erste Offenbarung: du selbst. In und durch diese Offenbarung wirst du Dinge erlangen, die du mit keinem Geld der Welt kaufen kannst – Dinge wie Weisheit, Heiterkeit, Freude und Gott. Um diese unbezahlbaren Dinge zu bekommen, genügt es nicht, nachzudenken, zu reden, zu diskutieren. Du wirst dich abmühen müssen. Mache dich sofort an die Arbeit.

Schließe die Augen. Bemühe dich noch einmal fünf Minuten lang um Schweigen.
Überlege am Ende der Übung, ob deine Versuche diesmal erfolgreicher waren oder weniger erfolgreich.
Überlege, ob das Schweigen dir diesmal etwas gezeigt hat, was du das letzte Mal nicht bemerkt hattest.
Suche in den Offenbarungen des Schweigens nicht nach aufre-

genden Dingen – nach Eingebungen, Inspirationen, Einsichten. Suche überhaupt nicht. Beschränke dich darauf, zu beobachten. Bemerke alles, was in dein Bewusstsein kommt. Alles, und sei es noch so banal und gewöhnlich. Die Offenbarungen bestehen vielleicht nur in dem Bewusstsein, dass deine Hände feucht sind, dass du gern deine Sitzhaltung ändern würdest oder dass du dir Sorgen um deine Gesundheit machst. Das aber ist ohne Bedeutung. Wichtig ist, dass du dir dessen bewusst geworden bist. Der Inhalt dieser Wahrnehmung ist weniger wichtig als ihre Intensität. Je intensiver die Wahrnehmung wird, desto tiefer das innere Schweigen. Und während das Schweigen tiefer wird, erlebst du eine Wandlung. Und zu deiner Freude wirst du entdecken, dass Offenbarung nicht in Wissen besteht, sondern in Kraft; eine geheimnisvolle Kraft, die eine Umwandlung in dir bewirkt.

~ David Steindl-Rast
Stille ist lebensnotwendig

Je mehr der nervzerrüttende Lärm unserer Städte in unseren Ohren gellt, umso mehr spüren wir die Lebensnotwendigkeit der Stille. Früher oder später dämmert uns, dass es nicht nur äußere, sondern vor allem innere Stille ist, nach der wir uns sehnen. Mönche des Ostens wie des Westens haben sich seit Jahrhunderten als Gärtner der Stille bewährt – haben ihren Alltag zu einem Garten der Stille gemacht, und uns in ihren Schriften beides hinterlassen, Früchte der Stille und Anleitungen zum Stillwerden.

Während die Zahl der Mönche in vielen Klöstern heute abnimmt, nimmt die Zahl der Menschen, die ihr Innenleben vom Geist der Mönche befruchten lassen, beständig zu. Gottsuche ist die treibende Kraft im Menschenherzen – nicht weniger bei denen, die das Wort „Gott" (oft aus guten Gründen) vermeiden. Und wer in sich die göttliche Lebensmitte aufspürt, findet Stillung. Gerhard Teerstegen, ein Dichter, der inmitten des weltlichen Alltags mönchische Stille verwirklichte, fasste das Herzensanliegen aller, die sich gleich ihm darum bemühen, in eine einzige Zeile zusammen:
„Gott ist in der Mitte! Alles in uns schweige."

～ Romano Guardini
Einatmen. Ausatmen

Das Wort ist die eine Grundform menschlichen Lebens; die andere ist das Schweigen, und es ist ein ebenso großes Geheimnis. Schweigen meint nicht nur, dass kein Wort gesprochen oder kein Ton geäußert werde. Das allein bildet noch kein Schweigen; auch das Tier ist dazu imstande, und noch besser der Stein. Schweigen ist vielmehr das, was geschieht, wenn der Mensch, nachdem er gesprochen hat, wieder zu sich zurückkehrt und still wird. Oder wenn er, der sprechen könnte, still bleibt. ¶ *Schweigen kann nur, wer sprechen kann.* ¶ Dass der, der sprechend „hinausgehen" würde, in der inneren Vorbehaltenheit bleibt – das erst bedeutet Schweigen: wissende, fühlende, lebendig in sich selber schwingende Stille.
Beides gehört zusammen. Sinnvoll reden kann nur, wer auch

schweigen kann, sonst faselt er; richtig schweigen kann nur, wer auch zu sprechen vermag, sonst ist er stumm. In beiden Geheimnissen lebt der Mensch; ihre Einheit drückt sein Wesen aus.

Wer nicht zu schweigen versteht, tut mit seinem Leben das Gleiche wie einer, der nur ausatmen wollte, nicht einatmen. Wir brauchen uns das nur vorzustellen, so wird uns schon Angst. Wer nie schweigt, dessen Menschlichkeit zerfährt.

Redend tritt das Innere des Menschen ins Offene. Was ich denke, fühle, beabsichtige, weiß zunächst nur ich; sobald ich es ins Wort gebe, wird es offenbar, steht im Raum zwischen mir, der es spricht, und dem, der hört. Dadurch gebe ich dem Hörenden Anteil an dem, was ich innerlich besitze. Manche Konflikte lösen sich dadurch, dass das Wort sie ins Offene bringt. Es gibt aber auch Erlebnisse, die nicht dahin gehören. Wenn einer etwas Großmütiges oder Zartes getan hat, weiß er genau: Wenn er es ausspräche, würde es zerfallen. So verbirgt er es ins Schweigen und hat es dort mit sich selbst. Und wenn er sich einmal in einer dunklen Stunde fragen muss, ob das Leben lohne, dann meldet es sich und rechtfertigt ihm das Dasein.

SICH SCHWEIGEND DEM GEHEIMNIS NÄHERN

Henri Nouwen
Vom Vergessen der Wörter

Schweigen ist die Heimat des Wortes. Schweigen gibt dem Wort Fruchtbarkeit und Kraft. Wir können sogar sagen, dass Worte dazu da sind, das Geheimnis der Stille zu erschließen, aus der sie hervorgehen.

Der taoistische Philosoph Chuang Tzu verdeutlicht dies sehr anschaulich: Eine Reuse hat den Zweck, Fische zu fangen, und wenn die Fische gefangen sind, ist die Reuse vergessen. Eine Kaninchenfalle hat den Zweck, Kaninchen zu fangen, und wenn die Kaninchen gefangen sind, ist die Falle vergessen. Das Wort hat den Zweck, Gedanken zu vermitteln. Wenn die Gedanken verstanden sind, werden die Worte vergessen. Wo finde ich einen Menschen, der Worte vergessen hat? Er ist der Einzige, mit dem ich sprechen möchte.

❡ *„Ich möchte mit dem Menschen sprechen, der Worte vergessen hat."* ❡ Das hätte einer der Wüstenväter sagen können. Für sie ist das Wort das Werkzeug der augenblicklichen Welt, und Schweigen ist das Geheimnis der kommenden Welt. Wenn ein Wort Frucht bringen soll, muss es aus der kommenden Welt in die jetzige Welt hineingesprochen werden. Darum betrachteten die Wüstenväter ihren Weg in das Schweigen der Wüste als den ersten Schritt in die kommende Welt. Von dieser Welt aus konnten ihre Worte Frucht tragen, weil sie dort mit der Kraft von Gottes Schweigen erfüllt werden konnten.

~ Henri Nouwen
Das innere Feuer bewahren

Schweigen hütet die innere Glut der religiösen Erfahrung. Diese innere Glut ist das Leben des Heiligen Geistes in uns. Darum ist Schweigen die Übung, die das innere Feuer Gottes bewahrt und lebendig erhält.
Diadochus von Photike bietet uns dazu ein anschauliches Bild: „Wenn die Tür des Dampfbads ständig offen gelassen wird, entweicht die Hitze von drinnen sehr schnell; so verflüchtigt sich in einem Menschen, der viel reden möchte, die Erinnerung an Gott durch die Tür der Rede, selbst wenn alles, was er sagt, gut wäre. Darauf schüttet der Verstand, obgleich es ihm an geeigneten Ideen fehlt, einen ganzen Wust von verworrenen Gedanken über den Nächstbesten aus, weil er nicht mehr den Heiligen Geist hat, der ihn vor Hirngespinsten bewahren würde. Wertvolle Ideen meiden immer den Wortschwall, denn Wirrwarr und Fantasterei sind ihnen fremd. So ist Schweigen zur rechten Zeit kostbar, denn es ist nichts weniger als die Mutter der weisesten Gedanken."

Diese Worte des Diadochus richten sich gegen unseren modernen Lebensstil, in dem das „Teilnehmen" eine der höchsten Tugenden geworden ist. Wir haben uns einreden lassen, dass wir unsere Gefühle, Gemütsbewegungen und sogar unsere innersten seelischen Erlebnisse mit anderen teilen müssten. Redewendungen wie „Vielen Dank, dass du mir das mitgeteilt hast" oder „Wie gut, dass ich daran teilnehmen durfte" sind ein Beweis dafür, dass die Tür unseres Dampfbads die meiste Zeit offensteht. Tatsächlich hat man bei zurückhaltenden Menschen, die ihr Inneres nicht zur Schau stellen, leicht ein unbehagliches Gefühl und hält sie für gehemmt, kontaktschwach oder einfach sonderbar. Fragen wir uns aber wenigstens, ob wir unsere verschwenderischen Mitteilungen nicht mehr aus Zwang als aus Liebe machen; ob sie, statt Gemeinschaft zu bilden nicht eher dazu führen, dass unser Zusammenleben verflacht. Oft kommen wir nach solch einem Austausch mit dem Gefühl heim, dass uns irgendetwas Kostbares genommen oder heiliges Land entweiht worden ist.

James Hannay schreibt in seinem Kommentar zu den Sprüchen der Wüstenväter: „Nicht der Mund ist die Tür, durch die alles Böse eindringt. Solche Türen sind die Ohren wie die Augen. Der Mund ist nur eine Ausgangstür. Was war es denn, was sie (die Wüstenväter) fürchteten herauszulassen? Was war es denn, was man aus ihren Herzen stehlen konnte, wie der Dieb das Pferd aus dem Stall holt, wenn die Tür offengelassen wird? Es kann nichts anderes gewesen sein als die Kraft des religiösen Erlebens."

¶ *So ist Schweigen zur rechten Zeit kostbar, denn es ist nichts weniger als die Mutter der weisesten Gedanken.* Diadochus von Photike ¶

Was behütet werden muss, ist das Leben des Heiligen Geistes in uns. Besonders diejenigen, welche von der Gegenwart des Gottesgeistes in der Welt Zeugnis geben möchten, müssen das in ihnen brennende Feuer sorgsam hüten. Es ist gar nicht so verwunderlich, dass gerade viele Priester wie ausgebrannte Kanister geworden sind. Menschen, die viele Worte machen und viele Erfahrungen mitteilen, in denen aber das Feuer des Geistes Gottes erloschen ist und aus denen nicht viel mehr herauskommt als ihre eigenen belanglosen, kleinlichen Gedanken und Gefühle. Zuweilen scheint es, dass unsere vielen Worte eher unseren Zweifel als unseren Glauben zum Ausdruck bringen. Es ist, als ob wir nicht sicher wären, dass Gottes Geist die Herzen der Menschen anrühren kann: Wir müssen ihm heraushelfen und andere mit vielen Worten von seiner Macht überzeugen. Aber gerade dieser redselige Unglaube erstickt das Feuer.

Unsere erste und wichtigste Aufgabe ist es, das innere Feuer so treu zu hüten, dass es den verwirrten Wanderern Licht und Wärme spenden kann, wenn sie es wirklich nötig haben. Keiner hat das überzeugender ausgedrückt als der niederländische Maler Vincent van Gogh:
„In unserer Seele kann ein großes Feuer brennen, und doch kommt nie jemand, um sich daran zu wärmen, und die Vorü-

bergehenden sehen nur eine leichte Rauchwolke aus dem Kamin aufsteigen und gehen ihres Weges. Sieh, was kann man dabei tun? Muss man das innere Feuer schüren, Salz in sich haben, geduldig und dennoch mit welch großer Ungeduld auf die Stunde warten, in der jemand kommt und sich hinsetzt, um vielleicht zu bleiben? Mag der, welcher an Gott glaubt, auf die Stunde warten, die früher oder später kommen wird."

~ Anselm Grün
Schweigend und staunend

Die besten Freunde sind diejenigen Menschen, mit denen man über dieselben Dinge schweigen kann. Es war ein weiser Mann, der dies gesagt hat. Denn es ist wahr: Zur Freundschaft gehört das Gespräch. Im Gespräch berühren wir das Geheimnis des anderen. Da kommen wir uns einander näher. Wir dürfen alles sagen, ohne es auf die Goldwaage zu legen. Doch zur Freundschaft gehört auch das Schweigen. Ein intensives Gespräch mündet oft im Schweigen. Wenn wir noch weitersprechen würden, würden wir das, was wir im Gespräch berührt haben, zerreden. Im Schweigen werden wir auf neue Weise eins miteinander.

Der eingangs zitierte Satz meint noch etwas anderes. Er spricht davon, dass die Freunde über dieselben Dinge schweigen können. Wie soll man über etwas schweigen? Schweigen ist doch einfach nur die Stille. Da ist doch gar kein Thema da. Über dieselben Dinge schweigen meint sicher nicht: brisante Themen auszuklammern, die zum Streit führen könnten. Da wäre

Schweigen nur eine Vermeidungsstrategie. Schweigen über dieselben Dinge, das heißt für mich, dass man gemeinsam etwas schweigend genießen kann, etwa einen Sonnenuntergang, eine Brucknersche Symphonie, ein Gemälde. Die Freunde bleiben schweigend und staunend stehen, wenn sich auf einmal bei der Bergwanderung eine wunderbare Aussicht eröffnet. Sie genießen schweigend das Panorama. Sie lassen dem andern das schweigende Staunen. Sie zerreden nicht die Schönheit der Schöpfung. Sie schweigen miteinander, um das in sich eindringen zu lassen, was jeden persönlich berührt. Irgendwann ist dann auch die Stunde, dass man über diese Erlebnisse sprechen kann. Aber zu einer Freundschaft gehört es, dass man tiefe Erfahrungen schweigend miteinander teilt, anstatt sie durch Reden analysieren zu wollen. Der Freund lässt dem andern das Geheimnis. Er öffnet für den anderen einen Raum der Stille. Die Stille, die der Freund mir schafft, hat eine andere Qualität als das Schweigen, das ich in der Einsamkeit wahrnehme. Gemeinsame Stille verbindet, sie führt uns ein in das Geheimnis des Seins, in das Geheimnis Gottes.

¶ *Die besten Freunde sind diejenigen Menschen, mit denen man über dieselben Dinge schweigen kann.* Unbekannter Verfasser ¶

Josef Sudbrack
Ehrfurcht

Ein ganz anderes Erscheinungsbild hat das Schweigen dort, wo es hineingeboren ist in einen größeren Raum der Gottheit, des Seins – oder wie man auch davon spricht. Es gibt wohl keine Religion auf der Erde, in der nicht dieses Schweigen eine Rolle spielt.
Es ist das Schweigen, das einen Menschen im Wald ansprechen kann. Versunken lässt er das weite Dunkel des Raums auf sich wirken. Das Rauschen der Blätter empfindet er nicht als Geräusch, sondern als Beruhigung; die eigenen Schritte klingen auf, wie wenn eine Saite auf einem Instrument nur leise berührt wird und der Körper der Geige ins Schwingen kommt, ohne dass das Schweigen gebrochen wird. Der Raum beginnt in seinem Schweigen, in seiner Leere lebendig zu werden. Man fühlt sich behütet im Wald oder auf der bunten Vielfalt einer Wiese oder in der Unendlichkeit der Berge.
Es ist das Schweigen, das Kinder ganz unvermittelt in einem Kirchenbau trifft. Man kann es ihnen ansehen, wie sich ihre eigene spielerische Lust dagegen sträubt, in diesem hohen, feierlichen Raum nun selbst feierlich zu werden und Stille zu wahren. Doch der Raum ist stärker (manchmal allerdings auch nicht). Sie setzen vorsichtig ihre Füße auf den Boden; sie versuchen zu flüstern – was gerade dann, wenn es misslingt, die innere Betroffenheit zeigt.

Ehrfurcht ist nicht nur etwas, was aus dem Ehrfürchtigen selbst stammt und dorthin getragen wird, wo einer „ehrfürchtig“ sein will; Ehrfurcht kommt auch von der anderen Seite entgegen, aus dem Wald oder vom Kirchenraum.
Ehrfurcht kommt am stärksten entgegen von einem Menschen. Beim Wald und bei der Kirche, in der Natur oder in der Kunsterfahrung kann man noch vermuten, dass es sich um ästhetisches Fühlen handelt, wenn jemand ins Schweigen versinkt. Doch vor einem Menschen, der Ehrfurcht einflößt, wird bewusst, dass etwas Tieferes gemeint ist: Anerkennung von etwas Wertvollem, das größer ist als eigenes Können und das einen selbst umgibt, trägt und aufrichtet. Ehrfurcht vor einem Menschen stellt das eigene Urteilen zurück und sagt Ja zum anderen, weil man die Qualität dieses anderen in einer Weise erfährt und immer weiß, die durch Analyse und Nachforschen nicht aufgeholt wird.

Von dem Schweigen, das aus der Ehrfurcht entspringt, weiß auch die Bibel. Am eindrucksvollsten berichtet die Offenbarung des Johannes darüber: „Und als (das Lamm) das siebente Siegel öffnete, entstand ein Schweigen im Himmel etwa eine halbe Stunde lang“ (8,1). Doch auch hier spürt man die noch nicht völlig beseitigte Zwielichtigkeit des Schweigens. Liegt in dieser halben Stunde die liturgische Bereitung für Gottes Kommen – oder ist es die Vorbereitung der letzten Schrecken, die nach dem sechsten Siegel angekündigt, nun mit den sieben Posaunen losbrechen werden? Auch wenn es bei Habakuk (2,20) heißt: „Aber der Herr ist in seinem heiligen Tempel – stille vor ihm, alle Welt!", dann steht im Hintergrund das Gericht Gottes über den Frevel der Menschen. „Stille vor Gott, dem Herrn!", heißt es ebenso bei Zefania (1,7), „denn der Tag des Herrn ist nahe!" Der Tag des Herrn ist der Tag des Gerichtes.

Im westlichen Christentum hingegen setzt sich die Tradition des religiösen „Schweigens" eher fort in der persönlichen Erfahrung, in der Mystik. Aber hier wie dort zeigt sich immer auch die bleibende Zweideutigkeit des Schweigens, die von der biblischen Botschaft des Schweigens Gottes als Abwendung von seinem Volk her nicht vergessen werden kann.

¶ *Schweigen in sich bleibt zwiespältig. Es kann die Nacht der Geburt bedeuten; die Nacht von Weihnachten oder die Nacht der Auferstehung.* ¶ Auch Buddha und Mohammed wurden in der Nacht berufen. Es kann aber auch die Nacht des Unheils bedeuten; als Jahwe die Erstgeburt der Ägypter schlug und als die Jünger vom Herrn abfielen. Auch die Ehrfurcht mit ihrem Schwanken zwischen Anbetung und Furcht steht noch vor der endgültigen Befreiung vom Schweigen des Grauens.

Im Mittelalter versuchte man diese Mehrdeutigkeit der Ehrfurcht und ihres Schweigens durch eine Stufenleiter zur Eindeutigkeit zu erheben. Die Dynamik, die von der untersten zur obersten Stufe zielt, lässt das christliche Eindeutigwerden ahnen. Unten steht die „knechtliche Furcht", also eine Haltung des Schreckens und der Unterwürfigkeit. Sie wird überhöht zur „anfänglichen Ehrfurcht", wo Begegnung, Gegenüberstehen eine

Rolle zu spielen beginnt. Darüber baut sich die „Sohnesfurcht" auf, eine Haltung der Ehrfurcht, wie sie für den antiken Familienverband konstitutiv war. Doch die Spitze bildet der timor sponsalis, die „bräutliche Ehrfurcht". Das „Du der Begegnung" ist zum Raum der Geborgenheit geworden.
In diesem Raum der Geborgenheit wird das Schweigen der Ehrfurcht eindeutig, wird zum Vertrauen; zur Wortlosigkeit, nicht aus Angst, nicht aus Abstand, nicht aus Verstummen vor der Übergröße, sondern zur Wortlosigkeit der personalen Liebe. Von dieser höchsten Stufe des ehrfürchtigen Schweigens bekommt auch die „anfängliche Ehrfurcht" ihren religiösen Sinn: sicher ein schönes Bild für das Verhältnis der humanen Religiosität zum Offenbarwerden von Gottes Liebe.

∼ David Steindl-Rast
Hinhorchen

Unsere lateinische Tradition definiert Frieden als tranquillitas ordinis, die Stille der Ordnung. Ordnung ist untrennbar von Stille, aber diese Stille ist dynamisch. Die Ruhe der Ordnung ist eine dynamische Ruhe, es ist die Stille einer unbewegt brennenden Flamme, eines Rades, das sich so schnell dreht, dass es still zu stehen scheint. Stille in diesem Sinn ist nicht nur eine Eigenschaft der Umwelt, sondern vor allem eine innere Haltung, die Haltung des Hinhorchens. Jeder von uns ist eingeladen, dieses Geschenk der Stille allen anderen weiterzuschenken. Wir wollen einander Stille schenken. Lasst uns hier und jetzt damit beginnen. Lasst uns einander das Geschenk der Stille geben, so dass wir gemeinsam horchen und einander zuhorchen können. Nur in dieser Stille wird es uns möglich sein, den sanften Atem des Friedens zu hören, die Musik der Sphären, die allumfassende Harmonie, in der zu tanzen wir hoffen.

Schweigen – Fastenzeit der Worte

Otto Betz
Abstinenzzeiten für Worte

Das Schweigen ist das große Reservoir für unser Dasein, auch für unsere Sprache. Eine verbrauchte Sprache kann ins Schweigen absinken und sich vielleicht dort wieder regenerieren. Aber auch das Unverbrauchte kann dort gefunden werden und unser Sprechen befruchten. Was im Schweigen ruht, hat Zeit, es drängt nicht gewaltsam nach oben. Nicht alles Sagbare muss ausgesprochen werden. Wenn zwischen den ausdrücklichen Worten noch Platz ist, wenn es da noch Zwischenräume gibt, dann kann manches anklingen, was in die ausdrücklichen Begriffe und Sprachformeln gar nicht hineinpasst.

¶ *Wir brauchen Fastenzeiten des Sprechens, Abstinenzzeiten für Worte.* Otto Betz ¶

Vielleicht müssen wir einen Gang in die Wüste machen, in eine karge Landschaft, die uns auch wortkarg macht. In einem Brief des Lord Chandos hat Hugo von Hofmannsthal eine solche existenzielle Wüstenwanderung beschrieben. Da ist von einem Menschen die Rede, dem es unmöglich ist, „jene Worte in den Mund zu nehmen, deren sich doch alle Menschen ohne Beden-

ken geläufig zu bedienen pflegen". Die abstrakten Worte zerfallen ihm im Munde „wie modrige Pilze". Alles das, was da so unbekümmert ausgesprochen wird, ist unbeweisbar, lügenhaft, löcherig. „Es zerfiel mir alles in Teile, die Teile wieder in Teile, und nichts mehr ließ sich mit einem Begriff umspannen." Wenn sich das Verlässliche auflöst, wo kann man da überhaupt neu ansetzen? Hofmannsthal weist auf eine neue Körpererfahrung hin, eine elementare Empfindsamkeit. „Es ist mir, als bestünde mein Körper aus lauter Chiffren, die mir alles aufschließen. Oder als könnten wir in ein neues, ahnungsvolles Verhältnis zum ganzen Dasein treten, wenn wir anfangen, mit dem Herzen zu denken." Eine unbekannte Sprache wird gesucht, „eine Sprache, in welcher die stummen Dinge zu mir sprechen". Aber diese neue Form des Sprechens lässt sich nicht auf dem Marktplatz lernen, der Rückzug in die Wüste, der Weg ins Schweigen ist unabdingbar.
Es ist wie mit der Speise. Solange wir von einer Fülle von Lebensmitteln umgeben sind, uns wahllos alle möglichen Speisen einverleiben, ob wir nun Hunger haben oder nicht, ob es unserem Organismus guttut oder nicht, solange ist das Essen ein triebhafter Vorgang, ohne Überlegung. Wenn wir uns dagegen dem Hunger aussetzen, eine Zeit des Fastens durchstehen, merken wir erst, wie schön es ist, Speise zu sich zu nehmen. Wir essen dann behutsamer, verkosten die Nuancen nachhaltiger, wir brauchen weniger Speisen und haben mehr davon. Wir brauchen Fastenzeiten des Sprechens, Abstinenzzeiten für Worte.

¶ *Die Seelen des Gebetes sind Seelen tiefen Schweigens.* *Mutter Teresa* ¶

~ Mutter Teresa
Einübungen

Seht, ich werde sie an mich ziehen, ich will sie in die Wüste hinausführen und ihr zu Herzen reden (Hosea 2,16).

Die Seelen des Gebetes sind Seelen tiefen Schweigens.
Eine jede von uns übernimmt es als ihre ernste und heilige Pflicht, mitzuwirken bei dem gemeinsamen Bemühen, in unserem Leben eine Atmosphäre tiefen Schweigens und Gesammeltseins zu schaffen und zu wahren, damit ein stetes Bewusstsein der göttlichen Gegenwart überall und in jedem Einzelnen gefördert werde, besonders in unseren Herzen und jenen unserer Schwestern, mit denen wir inmitten der Ärmsten der Armen zusammenleben.
Damit ein wahres inneres Schweigen möglich wird, üben wir:

- ein Schweigen der Augen, indem wir immer und überall die Schönheit und Güte Gottes zu sehen suchen und die Augen vor anderer Leute Schuld und besonders vor dem, was sündhaft und der Seele abträglich ist, verschließen;
- ein Schweigen der Ohren, indem wir der Stimme Gottes und dem Schrei des Armen und Bedürftigen Gehör schenken, sie aber all den Stimmen verschließen, die vom Bösen oder von der gefallenen Natur stammen, wie Geschwätz, Klatsch oder wenig liebevolle Worte;
- ein Schweigen der Zunge, indem wir Gott loben und sein Leben spendendes Wort verkünden, das erhellende und erleuchtende Wahrheit ist und Frieden, Hoffnung und Freude bringt; indem wir uns jeder Selbstrechtfertigung und je-

der Aussage enthalten, die Dunkel, Verwirrung, Leid oder Tod hervorrufen könnte;
- ein Schweigen des Verstandes, den wir im Gebet und in der Betrachtung der Wahrheit und Erkenntnis Gottes öffnen, wie Maria, die die Großtaten des Herrn im Herzen bewahrte, den wir aber allen Unwahrhaftigkeiten, Schwarzmalereien, Zerstreuungen, falschen Verdächtigungen, vorschnellen Urteilen, Rachegefühlen und -gelüsten verschließen;
- ein Schweigen des Herzens, indem wir Gott aus ganzem Herzen, aus ganzer Seele, mit unserem ganzen Verstand, mit all unseren Kräften lieben; indem wir einander lieben wie Gott uns liebt, im Verlangen nach Gott allein und in der Absage an jeglichen Egoismus, Hass und Neid, an jegliche Eifersucht und Begierlichkeit.

Unser Schweigen ist ein frohes Schweigen, das auf Gott hin gesammelt ist; es fordert von uns eine ständige Selbstverleugnung und taucht uns ein in das tiefe Schweigen Gottes, wo sich die Einsamkeit mit Ihm in wirkliches Einssein verwandelt.
Um eine Atmosphäre des Gebetes und des äußeren Schweigens hüten und bewahren zu können:
- beachten wir gewisse Zeiten und Orte strengeren Schweigens;
- arbeiten und bewegen wir uns betend;
- vermeiden wir um jeden Preis alle unnützen Worte und Zerstreuungen;

- sprechen wir, sofern erforderlich, leise und freundlich und sagen nur das Nötige;
- ersehnen wir uns das tiefe Schweigen als eine heilige und kostbare Zeit der Einkehr in das lebendige Schweigen Gottes.

Brächten wir es fertig, ein bisschen Stille in uns zu schaffen, dann würden wir zweierlei lernen: beten und demütig sein. Du kannst nicht lieben, wenn du nicht demütig bist, und du kannst nicht demütig sein, wenn du nicht liebst. Gott spricht aus der Stille des Herzens, es gibt aber keine Stille in dir, solange andere Dinge dort hineingeraten sind.

III. Stille suchen

„Soll Gott sprechen,
so müssen alle Dinge schweigen."
(Johannes Tauler)

Stille heilt

~ Thomas Merton
Weg zur Mitte

Wer seinen eigenen Lärm liebt, ist unduldsam gegen alles andere. Ständig entweiht er das Schweigen der Wälder und Berge und des Meeres. Nach allen Richtungen durchbohrt er die schweigende Natur mit seinen Maschinen aus Angst, die stille Welt könnte ihn seiner inneren Leere anklagen. Mit der drängenden Eile seines Tempos scheint er die Ruhe der Natur zu missachten, indem er so tut, als habe er Wichtiges vor. Das laute Flugzeug scheint einen Augenblick lang durch seine Richtung, seinen Lärm, seine angebliche Kraft die Wirklichkeit der Wolken und des Himmels zu leugnen. Aber das Schweigen des Himmels bleibt, wenn das Flugzeug vorüber ist. Die Ruhe der Wolken wird noch sein, wenn das Flugzeug zerbrochen ist. Das Schweigen der Welt ist das Wirkliche. Unser Lärm, unsere Geschäftigkeit, unsere Vorhaben und all unser albernes Gerede über unsere Vorhaben, unsere Geschäfte, unseren Lärm – das ist der Wahn.
Gott ist gegenwärtig, und Sein Gedanke wacht lebendig in der Fülle und Tiefe und Breite alles Schweigens der Welt. Der Herr wacht in dem Mandelbaum über der Erfüllung Seines Wortes (Jeremia 1,11–12).

Ob das Flugzeug heute oder morgen vorüberzieht, ob die gewundene Straße voller Wagen ist oder nicht, ob Menschen auf dem Feld sprechen, ob ein Radio im Haus ist oder nicht, der Baum bringt schweigend seine Blüten hervor.
Ob das Haus leer ist oder voller Kinder, ob die Männer zur Stadt zur Arbeit gehen oder mit Traktoren auf dem Felde arbeiten, ob der Ozeandampfer Touristen oder Soldaten in den Hafen bringt, der Mandelbaum bringt schweigend seine Blüten hervor.

Es muss eine Stunde am Tag geben, wo der planende Mensch alle seine Pläne vergisst und handelt, als hätte er überhaupt keine.
Es muss eine Stunde am Tag geben, wo der Mensch, der zu reden hat, verstummt. Dann formt er im Geist keine Anträge mehr, und er fragt sich: Hatten sie einen Sinn?
Es muss eine Stunde geben, wo der Mensch des Gebets anfängt zu beten, als geschähe es zum ersten Mal in seinem Leben, wo der Mann der Entschlüsse seine Entschlüsse beiseite schiebt, als wären sie alle zerronnen, und wo er eine neue Weisheit lernt: die Sonne vom Mond zu unterschieden, Sterne vom Dunkel, das Meer vom festen Land und den Nachthimmel von der Wölbung eines Hügels.

Im Schweigen lernen wir zu unterscheiden. Wer das Schweigen flieht, der flieht auch die Unterscheidungen. Er will nicht allzu klar sehen. Verwirrung ist ihm lieber.

Wer Gott liebt, liebt notwendigerweise auch das Schweigen, denn er fürchtet, seine Urteilskraft zu verlieren. Er fürchtet den Lärm, der jeder Erfahrung der Wirklichkeit ihre scharfe Schneide nimmt. Er meidet das endlose Getriebe, das alle Wesen zu einer ununterscheidbaren Masse vermischt.
Der Heilige ist gleichgültig gegenüber seinen Wünschen, aber keineswegs gleichgültig gegenüber den verschiedenen Aspekten der Wirklichkeit.

Man darf das Leben nicht als einen ununterbrochenen Strom von Worten ansehen, der endlich durch den Tod zum Verstummen gebracht wird. Sein Rhythmus entwickelt sich in Schweigen, steigt in Augenblicken notwendiger Aussage an die Oberfläche empor, kehrt zu tieferem Schweigen zurück, gipfelt in einer letzten Aussage und erhebt sich dann still in das Schweigen des Himmels, das von unaufhörlichem Lobpreis tönt.
Wer nicht weiß, dass es nach diesem Leben ein anderes gibt, oder es nicht vermag, sein zeitliches Dasein auf die ewige Ruhe in Gott einzustellen, der widersetzt sich dem fruchtbaren Schweigen seines eigenen Wesens durch ständiges Geräusch. Selbst wenn seine Zunge schweigt, schwatzt sein Geist endlos und sinnlos oder stürzt sich in das schützende Geräusch von Maschinen, Verkehr oder Radio. Wenn sein eigenes Geräusch sich vorübergehend erschöpft hat, erholt er sich im Geräusch anderer.

Wie tragisch ist es, dass gerade jene, die nichts zu äußern haben, sich fortwährend äußern, wie nervöse Schützen, die Salve um Salve von Munition ins Dunkel abfeuern, wo gar kein Feind ist. Es gibt einen Grund für ihr ständiges Geschwätz – den Tod. Der Tod ist der Feind, der sie jeden Augenblick im tiefen Dunkel und Schweigen ihres eigenen Wesens zu bedrohen scheint. Darum schreiten sie ständig gegen den Tod an. Sie verwirren ihr Leben mit Lärm. Sie betäuben ihre Ohren mit bedeutungslosen Worten und begreifen nie, dass ihr Leben in einem Schweigen wurzelt, das nicht Tod ist, sondern Leben. So schwatzen sie sich zu Tode und fürchten das Leben, als sei es der Tod.

~ Romano Guardini
Ruhiges Strömen

Was Schweigen heißt, kann man wohl in den Bergen erleben. Da ist es ganz still. Kein Laut weithin. Und rauscht irgendein Wasser, zwitschert einmal ein Vogel, rollt ein Stein, dann sinkt nachher die Stille nur umso tiefer in sich.

Schweigen heißt machen, dass es still sei. Schön ist das, einige Tage Dasein aufzubauen, das vom Gerede unserer lauten Zeit frei ist!

Und wie vieles kann man leise tun! Geräusch ist oft nur Unrast des Gemütes, Ungeduld, Verdrießlichkeit. Nicht selten auch Grobheit des Herzens, Unachtsamkeit, liebloser Sinn. Der gütigen Hand, der ruhigen Bewegung fügen die Dinge sich leicht.

Welch wunderbare Aufgabe: ein Dasein ohne Lärm!

Schweigen ist Ausdruck eines inneren Zustandes. Innerlich

muss man sich auf das Nicht-Sprechen einrichten; innerlich in der Stille leben, dann kommt das Äußere von selbst. Stille bedeutet nicht nur Abwesenheit des Redens; sie ist selber etwas. Sie ist eine innere Nähe; eine Tiefe und Fülle. ¶ *Stille ist ein ruhiges Strömen des verborgenen Lebens.* ¶ Was sie vor Gott ist, vernehmen wir in den Worten aus dem Buch der Weisheit: „Als alle Dinge in der Mitte des Schweigens standen und die Nacht die Mitte ihres Laufes erreicht hatte, da stieg vom göttlichen Thron herab, o Herr, Dein allmächtiges Wort."

~ Thomas Merton
Eine Entdeckung

In der Stille der Landschaft und des Waldes und in der Einsamkeit der Klausur meines Klosters habe ich das gesamte Abendland entdeckt. Hier war ich dank der Gnade Gottes imstande, die Neue Welt zu erforschen, ohne von Stadt zu Stadt zu reisen, ohne die Anden oder den Amazonas zu überfliegen und einen Tag hier, zwei Tage dort Halt zu machen und dann weiterzureisen. Wäre ich auf diese Weise umhergereist, hätte ich wahrscheinlich nichts gesehen: denn im Allgemeinen sehen diejenigen, welche viel reisen, am wenigsten.

〜 Carlo Caretto
Die Ruhe der Nacht

Als ich vor fünf Jahren in die Sahara kam, liebte ich die Nacht nicht. Sie war für mich zu sehr mit europäischer Lebensweise verbunden, und die ist sicher nicht die beste und vor allem nicht die geeignetste, Ruhe und entspannte Nerven zu behalten.
Nacht bedeutet für viele Arbeit, die zu der des Tages noch dazukommt. Für andere Vergnügen. Für wieder andere Schlaflosigkeit oder aufgezwungene Passivität. Hier ist es ganz anders.
Die Nacht ist vor allem Ruhe, wahre Ruhe. Wenn die Sonne untergeht, kommt die Natur zur Ruhe, sie entspannt sich wie unter der geheimen Weisung eines göttlichen Winkes.
Der Wind, der uns fast den ganzen Tag mit seinem Sausen und Heulen begleitet hat, legt sich. Die Hitze wird gelindert, die Luft wird klar und frisch, überall breitet sich ein großer Friede aus, als ob sich Natur und Mensch nach der großen Schlacht des Tages und der Sonne erholen wollten.
Wirklich, die Nacht ist hier unten anders. Sie hat ihre Jungfräulichkeit, ihr Geheimnis nicht verloren. Sie ist geblieben, wie Gott sie gemacht, sein Geschöpf, das Gutes und das Leben bringt.
Ist die Arbeit getan, hat die Karawane Halt gemacht, dann streckst du dich in den Sand, eine Decke unter dem Kopf, liegst da und atmest tief die frische, würzige Luft ein, die den bösartigen, trockenen, glühenden Wind des Tages abgelöst hat.
Dann entfernst du dich vom Lager und wanderst über die Dünen, um zu beten. Die Zeit vergeht, keine Hetze stört, keine Uhr treibt an. Keine Verpflichtung beunruhigt dich, kein Lärm

stört dich, keine Überraschungen erwarten dich. Die Zeit ist ganz dein. Du füllst dich mit Schweigen und sättigst dich am Gebet, während am Himmel die Sterne zu leuchten beginnen.

Die Nacht in der Sahara mit ihrem Sternenhimmel ist nicht nur eine fantastische Orientierungshilfe, sondern auch eine Stätte der Ruhe für die Seele. Nach einem Tag in diesem ganzen Licht ist die Seele wie ein Haus mit Fensterhöhlen, aber ohne Fensterläden. Da geht der schneidende Wind durch, da dringt die Gluthitze ein.

Aber die Nacht!

Ganz allmählich werden die Fenster der Seele wieder hergerichtet, geschlossen oder, besser, halb geschlossen vom Dunkel. Die weit geöffneten Augen können ohne Mühe in aller Ruhe die Dinge der Umgebung erfassen.

Nein. Die Nächte unter den Sternen der Sahara werde ich nie vergessen. Ich fühle mich wie ein Punkt, umhüllt von der Nacht, der sternenübersäten Freundin.

Ja, die Nacht eine Freundin, ein zärtliches, friedliches, belebendes, notwendiges Dunkel. Für mein Inneres keine Abtötung, keine Schwächung, im Gegenteil, es kann sich entfalten und verwirklichen, wachsen und gedeihen und sich freuen.

Ich fühle mich wie zu Hause, in Sicherheit, ohne Angst. Ich möchte stundenlang so verweilen. Ihre Kürze macht mir Kummer. Lesen möchte ich in mir und außerhalb von mir jene Schriftzeichen und Symbole einer göttlichen Sprache.

Die Freundin Nacht ist ein Bild des Glaubens. „Glaube aber ist:

Feststehen in dem, was man erhofft. Überzeugtsein von Dingen, die man nicht sieht" (Hebräer 11,1).
Niemals habe ich einen treffenderen Vergleich für mein Verhältnis zum Ewigen gefunden: ein Punkt, verloren im unendlichen Raum, umhüllt von Nacht unter dem stillen Licht der Sterne. Der im Weltraum verlorene Punkt: ich; das notwendige Dunkel als unersetzliche Freundin: der Glaube; die Sterne: das Zeugnis Gottes.

~ Anthony Bloom
Wie die Saiten einer Geige

Beginne mit der Stille der Lippen, der Stille der Gefühle, der Stille des Verstandes, der Stille des Körpers. Es wäre wohl ein Irrtum zu meinen, dass wir mit den höchsten Sprossen beginnen können: der Stille des Herzens und des Geistes. Wir müssen beginnen mit der Stille unserer Lippen und unseres Körpers in dem Sinn, dass wir lernen, sie still zu halten. Spannung loszulassen, nicht um in Faulheit oder Tragträumerei zu verfallen, sondern – und ich spreche mit einem unserer russischen Heiligen – um wie die Saite einer Geige zu sein: genug gespannt, um die richtigen Töne zu erzeugen, nicht allzu straff, sodass sie zerspringt, aber auch nicht zu schlaff, sodass sie nur noch brummt.
Und dann müssen wir lernen, auf die Stille zu hören und völlig ruhig zu werden. Dann werden wir entdecken, und öfter als wir denken, dass die Worte aus dem Buch der Offenbarung bewahrheitet werden: Ich stehe an der Tür und klopfe.

〜 Anselm Grün
Übung des Schweigens und Nicht-Richtens

Urteilen über die anderen macht blind für die eigenen Fehler. Schweigen im Blick auf die anderen ermöglicht klarere Selbsterkenntnis. Wir hören auf, unsere Fehler auf andere zu projizieren ... Immer wieder loben die Mönche das Schweigen. Das Schweigen ist für sie der Weg, sich selbst zu begegnen, die Wahrheit des eigenen Herzens zu entdecken. Schweigen konfrontiert uns immer wieder mit uns selbst. Es verbietet uns den Weg, unsere Schattenseiten auf die anderen zu projizieren. Die Alten wissen um die Gefahr, dass wir mit unseren Gedanken und Reden ständig um die anderen kreisen.
Oft braucht es die bewusste Übung des Schweigens, damit auch das Herz schweigen kann. Oft müssen wir uns ausdrücklich verbieten, über den anderen zu reden, damit wir ihn vorurteilslos anschauen können ...
Schweigen ist für die Mönche aber noch mehr als Nicht-Richten. Schweigen ist der spirituelle Weg schlechthin. Im Schweigen begegnen wir uns und unserer inneren Wirklichkeit. Aber das Schweigen ist auch ein Weg, frei zu werden von den Gedanken, die uns ständig beschäftigen. Da geht es nicht um ein äußeres Schweigen, sondern um ein Schweigen des Herzens. Das äußere Schweigen kann aber eine Hilfe dafür sein, dass auch das Herz still wird, dass die Emotionen sich legen und uns nicht mehr bestimmen.

Der zweite Aspekt des Schweigens ist das Loslassen. Im Schweigen lassen wir los, was uns ständig beschäftigt. Wir lassen unsere Gedanken los, unsere Wünsche. Wir lassen alles los, was uns bestimmen möchte und woran wir uns krampfhaft festhalten. Solange wir an unserem Erfolg festhalten, stockt unser Leben. Solange wir uns an Menschen festklammern, wird die Beziehung gestört. Schweigen ist die Kunst loszulassen, um einen anderen Grund in sich zu entdecken: Gott selbst ... ¶ *Das Loslassen ist der Weg, um mit meiner inneren Quelle in Berührung zu kommen, um den wahren Reichtum in meiner Seele zu entdecken: Gott, der mir alles schenkt, was ich zum Leben brauche.* ¶ Das Schweigen üben die Mönche nicht als Selbstzweck, sondern um mit Gott eins zu werden. Die Selbstbegegnung und das Loslassen sind zwei notwendige Schritte auf dem Weg zu Gott, zum Einswerden mit Gott.

¶ *Worte stehen zwischen Schweigen und Schweigen: zwischen dem Schweigen der Dinge und dem Schweigen unseres Seins, zwischen dem Schweigen der Welt und dem Schweigen Gottes. Thomas Merton* ¶

~ Thomas Merton
Schweigen – versöhnende Kraft

Das Schweigen gehört zum Wesenskern der Heiligkeit. Im Stillesein und Vertrauen liegt die Kraft der Heiligen (Jesaja 30,15). Als die Einsamkeit für mich noch ein Problem war, besaß ich keine Einsamkeit. Als sie aufhörte, ein Problem zu sein, ent-

deckte ich, dass ich sie bereits besaß und sie schon längst hätte besitzen können. Sie bleibt jedoch noch ein Problem, da ich am Ende erkannte, dass eine rein subjektive, innerliche Einsamkeit, die Frucht einer Bemühung um Verinnerlichung unzureichend sein würde. Die Einsamkeit muss objektiv und konkret sein. Sie muss hineinmünden in etwas, das größer ist als die Welt, das so groß ist wie das Sein selbst, damit wir in seinem tiefen Frieden Gott finden können.
Wir schieben Worte zwischen uns und die Dinge. Sogar Gott ist nur noch eine begriffliche Irrealität im Niemandsland der Sprache geworden, die keinen Zugang mehr zur Wirklichkeit hat.
Das Leben des Einsiedlers durchbricht mit seinem Schweigen die Nebelschicht, die der Mensch zwischen seinen Geist und die Dinge geschoben hat. In der Einsamkeit werden wir mit dem nackten Sein der Dinge konfrontiert. Und doch entdecken wir, dass die von uns so gefürchtete Nacktheit der Wirklichkeit uns weder mit Schrecken noch mit Scham erfüllt. Sie hüllt sich in die versöhnende Kraft des Schweigens, und dieses Schweigen ist auf die Liebe hingeordnet. Unsere Worte haben versucht, die Welt in eine Schablone zu drängen, sie zu beherrschen und sogar verächtlich zu machen (weil sie sie nicht zu fassen vermochten). Diese Welt kommt uns nahe; denn das Schweigen lehrt uns, die Wirklichkeit zu erkennen, indem wir sie achten, wo Worte sie verletzt haben.

Wenn wir lange genug mit der uns umgebenden Wirklichkeit gelebt haben, werden wir in der Gesinnung der Ehrfürchtigkeit lernen, sie in einigen wenigen Worten der Güte einzufangen aus der Mitte unseres Schweigens heraus, das die Mutter der Wahrheit ist.
Worte stehen zwischen Schweigen und Schweigen: zwischen dem Schweigen der Dinge und dem Schweigen unseres Seins, zwischen dem Schweigen der Welt und dem Schweigen Gottes. Wenn wir die Welt wirklich im Schweigen berührt und erkannt haben, trennen uns die Worte nicht länger, weder von der Welt, weder von den Mitmenschen, weder von Gott noch von uns selbst, weil uns bewusst wird, dass wir von der Sprache nicht in allem erwarten können, dass sie die ganze Wirklichkeit einfängt.
Die Wahrheit steigt vom Schweigen des Seins zu der ruhigen, schrecklichen Gegenwart des Wortes empor. Und indem die Wahrheit der Worte wieder ins Schweigen zurücksinkt, drängt sie uns tief in das Schweigen Gottes hinein.
Oder vielleicht könnte es besser so ausgedrückt werden: Gleich einem Schatz in den Wellen steigt Gott aus dem Meer auf. Und wenn die Sprache zurücksinkt, bleibt Seine Klarheit an den Ufern unseres Seins zurück.

Was laut wird in der Stille

～ Sören Kierkegaard
Übereinkunft

Da draußen ist Stille; und nicht allein, wenn alles schweigt in der stummen Nacht, sondern auch wenn den Tag hindurch die tausend Saiten in Bewegung sind und alles wie ein Meer von Tönen ist, herrscht dennoch draußen Stille: Ein jeder im Besonderen macht es so gut, dass niemand von ihnen, auch nicht alle miteinander der feierlichen Stille irgend Abbruch tun. Draußen ist Stille. Der Wald, er schweigt; sogar, wenn er raunt, steht er in Schweigen. Denn die Bäume, auch da, wo sie dicht und zahlreich stehen, halten einander, was die Menschen, gegebenem Versprechen zum Trotz, einander so selten halten: „Das bleibt unter uns." Das Meer ist stumm; sogar wenn es lärmt und tobt, ist es stumm. Im ersten Augenblick hörst du vielleicht nicht richtig, und du hörst es toben. Wenn du eilfertig mit dieser Kunde gehst, tust du dem Meere Unrecht. Hingegen falls du eine Frist gibst und genauer hinhörst, so hörst du – wunderlich! – du hörst die Stille; denn auch Einförmigkeit ist ja Stille. Wenn am Abend die Stille über der Landschaft weilt und du von der Wiese das ferne Brüllen der Kuh vernimmst oder du fern vom Bauerngehöft her das Bellen des Hofhundes hörst, so kann man nicht sagen, dass dies Brüllen oder Bellen die Stille störe, nein, es gehört zur Stille mit hinzu, es ist mit der Stille in heimlicher und insofern wieder stiller Übereinkunft, es mehrt sie.

Da draußen ... ist Stille. Was aber drückt diese Stille aus? Sie drückt aus Ehrfurcht vor Gott, dass er es ist, der da waltet, und allein er es ist, dem Weisheit und Verstand zukommen. Und eben weil diese Stille Ehrfurcht vor Gott ist, weil sie, so weit sie das in der Natur zu sein vermag, Anbetung ist, eben deshalb ist diese Stille so feierlich. Und weil diese Stille also so feierlich ist, deshalb eben wird man Gottes in der Natur inne – was Wunders wohl, wenn aus Ehrfurcht vor ihm alles schweigt! Auch wenn Er nicht spricht, dies, dass aus Ehrfurcht vor ihm alles schweigt, wirkt ja auf einen, als ob er spräche.

Sören Kierkegaard
Lilie und Vogel als Gleichnis

Lasst uns von der Lilie und dem Vogel als Lehrmeistern das Stillesein lernen oder zu schweigen lernen.
Denn freilich ist es die Rede, welche den Menschen vor dem Tiere auszeichnet und also, wenn man so will, bei Weitem auszeichnet vor der Lilie. Daraus aber, dass Redenkönnen ein Vorzug ist, daraus folgt nicht, dass es keine Kunst wäre, schweigen zu können, oder dass dies eine geringe Kunst wäre; umgekehrt, eben weil der Mensch zu reden vermag, eben deshalb ist es eine

Kunst, schweigen zu können, und eben weil dieser ihm eigene Vorzug ihm so leicht zur Versuchung wird, eben deshalb ist das Schweigenkönnen eine große Kunst. Dies aber kann er lernen von den stummen Lehrmeistern: der Lilie und dem Vogel.

„Trachtet am Ersten nach dem Reich Gottes und nach seiner Gerechtigkeit." Was will das doch heißen, was hab ich zu tun, oder was für ein Streben und Bemühen ist es, von dem man sagen kann, dass es nach Gottes Reich sucht oder trachtet? Soll ich ein Amt zu erhalten suchen, welches meinen Fähigkeiten und Kräften entspricht, um darinnen zu wirken? Nein, du sollst am Ersten nach dem Reich Gottes trachten. Soll ich denn mein ganzes Vermögen den Armen geben? Nein, am Ersten sollst du nach Gottes Reich trachten. Soll ich denn ausziehen und diese Lehre in der Welt verkünden? Nein, du sollst am Ersten nach Gottes Reich trachten. Alsdann aber ist es ja gewissermaßen Nichts, das ich tun soll? Ja, ganz gewiss, es ist gewissermaßen Nichts; du sollst in tiefstem Sinn dich selbst zu einem Nichts machen, zu einem Nichts werden vor Gott, schweigen lernen; in diesem Stillesein liegt der Anfang, welcher ist: am Ersten nach Gottes Reich trachten.

Der Anfang ist diese Kunst, stumm zu werden; denn stumm sein wie die Natur es ist, das ist keine Kunst. Und dass man dergestalt stumm werde, stumm Gott gegenüber, das ist der Anfang der Gottesfurcht; denn gleichwie Gottesfurcht der Weisheit Anfang ist, ebenso ist Stillesein der Gottesfurcht Anfang. Und gleichwie Gottesfurcht mehr denn der Weisheit Anfang ist, Weisheit ist, ebenso gilt: Stillesein ist mehr denn der Gottesfurcht Anfang, ist Gottesfurcht. In diesem Stillesein verstummen gottesfürchtig die vielen Gedanken des Wünschens und Begehrens; in diesem Stillesein verstummt gottesfürchtig der wortreiche Dank.

Beten heißt nicht, sich selbst reden hören, sondern heißt dahin kommen, dass man schweigt, und im Schweigen verharren, und harren, bis der Betende Gott hört.
Darum also bindet das Evangelium, indem es spricht: „Trachtet am Ersten nach dem Reich Gottes", dem Menschen gleichsam erzieherisch den Mund zu, indem es auf jegliche Frage des Menschen, ob er jetzt dies oder das tun solle, erwidert: Nein, am Ersten sollst du nach dem Reich Gottes trachten. Und daher kann man dies Wort des Evangeliums folgendermaßen umschreiben: Du sollst den Anfang machen mit Beten, nicht als ob das Gebet stets mit Schweigen begönne, sondern weil das Gebet, wenn es richtig Gebet geworden, zum Schweigen geworden ist. ...
Dieses Stillesein kannst du lernen von der Lilie und dem Vogel. Das will heißen, ihr Stillesein ist keine Kunst, jedoch wenn du stille wirst wie die Lilie und der Vogel, so stehst du an dem Anfang, der da ist, am Ersten nach dem Reich Gottes zu trachten.

~ Thomas Merton
Heimliche Musik

In dem tiefen Schweigen um uns beginnt die Weisheit ihren nie endenden, erleuchteten, unaussprechlichen Gesang: ihre heimliche Musik, deren Klänge die einsame Seele anrühren. Es ist ebenso ihr Gesang wie derjenige der Seele, die ihn hört – einzigartiges Singen, dem nichts vergleichbar ist, angestimmt von jeder Seele allein in der Einheit mit dem unbekannten Geist, der an der Schwelle ihres eigentlichen Wesens wohnt, dort, wo ihre Existenz sich ausweitet in jenen unendlichen Abgrund, in dem Gott ist. Es ist der Gesang, den ein jeglicher von uns anstimmen muss, jene sphärische Musik, zu der Gott selbst die Melodie schuf und die Er inmitten unseres eigensten Wesens zum Erklingen bringt. Vermögen wir nicht, ihr zu lauschen, so wird sie niemals in uns ertönen. Und wenn wir unsere Stimme nicht mit der Stimme Gottes vereinen, werden wir nie zu unserer wahren Wirklichkeit gelangen, denn sie ist der Gesang unseres eigenen Lebens, einmündend wie ein Fluss in das ureigenste Herz Gottes.

¶ *Schweigen im Blick auf die anderen ermöglicht klarere Selbsterkenntnis.* Anselm Grün ¶

Nun vermischt sich aber dieser Gesang, den die menschliche Seele allein in aller Verborgenheit mit dem Geist Gottes zusammen anstimmt, auf geheimnisvolle Weise mit den unhörbaren Stimmen aller anderen Menschen, die Gott lieben, den Seelen der Lebendigen und der Toten, derjenigen, die noch auf der Erde weilen und ihre Prüfungszeit erleiden, und jener, die den Ort des Sieges und der Ruhe schon erreicht haben. Sie alle bilden einen unermesslich großen Chor, dessen Harmonien nur in der Tiefe völligen Schweigens zu erfassen sind, weil sie unhörbar sind wie das Schweigen selbst. ¶ *Denn jene Musik, die unsere Seele mit Gott vereint, ist dem Schweigen Gottes gleich.* ¶

Hier bilden Musik und Schweigen eine Einheit, und sie offenbaren ihre Weisheit, indem sie verborgen bleiben. Wir lernen Weisheit, wenn wir lautlos im Schweigen des Geheimnisses unseren Gesang anstimmen, denn hier lenkt die Stimme der Weisheit unser eigenstes Wesen und Schicksal durch die schweigenden Absichten der Vorsehung Gottes. Die Stille dieses Gesanges, der im Himmel gesungen wird, muss zur Wesenheit jedes Lebewesens werden, zur wahren Wirklichkeit alles Bestehenden. „Denn die Weisheit ist beweglicher als alle Bewegung; sie geht hindurch und durchdringt alles vermöge ihrer Reinheit. Sie ist ja ein Hauch der Kraft Gottes, ein lichter Ausfluss der Herrlichkeit des Allmächtigen. ... Obwohl sie nur eines ist, vermag sie doch alles, und obwohl in sich selbst verbleibend, erneuert sie alles und senkt sich in lautere Seelen ein und stattet Gottesfreunde und Propheten aus“ (Buch der Weisheit 7,24.25.27).

Das Schweigen Gottes treibt die Stürme vor sich her, es türmt die Gebirge auf, zerwühlt das Meer und lässt es gegen die Felsen branden. Aus dem Schweigen Gottes schöpft die Menschheit alle Kraft für ihr Getriebe, und wiederum kraft dessen, was in

Seinem Schweigen verborgen ist, tun wir lärmend unsere Werke bis zur Auflösung der Elemente, die unser gequältes Universum ausmachen, in ihre Bestandteile. Das Schweigen Gottes ist es, das dem Boden Festigkeit gibt, auf dem wir unsere Kämpfe austragen; ließe Er uns fallen, so stürzten wir mitsamt der ganzen lauten Wichtigkeit unserer Taten zerschmettert hinab in den Abgrund des Vergessens. Nachts, wenn das ruhelose Treiben der Menschen zur Ruhe kommt und die Welt mit ihren Maschinen in Schlaf sinkt, ist alles von Seinem Schweigen erfüllt. Die wenigen Wachenden hören dann das geheimnisvolle Singen, dessen Widerhall in ihren Herzen zu tönen beginnt. Es sagt ihnen, dass alles, was der Mensch ausrichtet mit seinem Lärmen und Werkeln, ganz unwichtig ist; und jene, die da wachen, könnten uns sagen, dass alles, was laut seine Stimme erhebt, nur Täuschung bleibt, dass aber wahre Wirklichkeit sich nur im immerwährenden Schweigen der Dinge ausbreitet. Denn dort in ihrer wahren Wesenheit birgt sich das Schweigen Gottes und singt in Gemeinschaft mit ihnen den Gesang, den Er allein vernimmt.

IV.

Ruhe finden

„Unruhig ist unser Herz,
bis es ruht in dir, mein Gott."
(Augustinus)

Sehnsucht nach Ruhe – Sehnsucht nach Gott

~ Anselm Grün
Unruhiges Herz

Augustinus ist einen sehr unruhigen Weg gegangen. Überall hat er nach der Wahrheit gesucht, und immer wieder wurde er enttäuscht. Seine ruhelose Suche nach der Wahrheit hörte erst auf, als er Gott begegnet ist, wie ihn die Bibel beschreibt. So schreibt er in seinem autobiografischen Buch „Confessiones" (Bekenntnisse): „Unruhig ist unser Herz, bis es ruht in dir, mein Gott." Augustinus weiß aus der eigenen Lebensgeschichte, dass Gott uns zu sich hin geschaffen hat und dass wir nur in Gott zur Ruhe finden können. Gott allein kann unsere tiefste Sehnsucht erfüllen. Für Augustinus ist der Mensch wesentlich einer, der sich sehnt. Er sehnt sich nach Erfolg, nach Besitz, nach einem Freund, nach einem Menschen, der ihn liebt. Aber in all diesen Sehnsüchten sehnt er sich letztlich nach Gott, nach wahrer Heimat, nach absoluter Liebe, nach absoluter Geborgenheit. Augustinus ist selbst ein Mensch mit einer tiefen Sehnsucht nach Ruhe und Heimat. In den „Confessiones" fragt er: „Wer gibt mir, dass ich Ruhe finde in dir? Wer gibt mir, dass du kommest in mein Herz und es trunken machest, dass ich vergesse meine Sünden und dich umfange, du mein einzig Gut?" Und er gibt selbst die Antwort: „Ruhelos ist unser Herz, bis es Ruhe findet in dir."

Die „Confessiones" sind das erste Buch eines Theologen, der persönlich von sich spricht. Gerade wegen seiner Subjektivität ist es daher ein modernes Buch. Augustinus beobachtet genau seine Seelenregungen, seine Ruhelosigkeit, seine tiefe Sehnsucht nach Gott, die ihn in aller Unruhe erfüllt. Für mich ist Augustinus bei aller Zeitbedingtheit nach wie vor ein moderner Theologe. Denn er glaubt, dass sich jeder Mensch, auch der, der nach außen hin gar nicht religiös erscheint, im Grund nach Gott sehnt. Die tiefste Triebfeder dafür, dass der Mensch so ruhelos danach sucht, was ihn glücklich und zufrieden macht, ist letztlich die Sehnsucht nach Gott. Auch der, der sich leidenschaftlich für seinen Verein einsetzt, der mit ganzer Kraft seinen Besitz vermehrt, der sich immer neu in eine Frau verliebt, der für bessere Lebensverhältnisse kämpft wird letztlich von der Sehnsucht nach Gott bestimmt. Wenn ich zu Ende denke, was mich im Tiefsten umtreibt, wenn ich mich nach Besitz, nach sexuellem Einssein, nach einem erfüllten Urlaub sehne, dann werde ich bald merken, dass kein noch so großer Besitz meine Sehnsucht stillen kann, keine noch so schöne Frau und kein noch so großartiger Urlaub. Letztlich ist es Gott, nach dem wir uns sehnen. Und erst wenn wir Gott als Ziel unserer Sehnsucht erkennen, kommen wir in unserer ruhelosen Suche nach Glück zur Ruhe. Augustinus kann diese Sehnsucht nach Gott in verschiedenen Bildern ausdrücken. Es ist die Sehnsucht nach dem seligen Leben, nach Glück. Es ist die Sehnsucht nach wahrer Freude, nach Heimat.

Für Augustinus besteht der Weg zur Ruhe darin, dass wir wieder mit unserer Sehnsucht in Berührung kommen, dass wir unsere Süchte wieder in Sehnsucht verwandeln. ¶ *In der Sehnsucht erfahren wir, dass in uns ein weltjenseitiger Kern liegt, etwas, das diese Welt übersteigt.* ¶ Wenn wir mit unserer Sehnsucht in Kontakt sind, dann können wir auf einmal einverstanden sein mit unserem Leben, so wie es ist. Dann können wir uns verabschieden von den Illusionen, die wir uns vom Leben gemacht haben und die uns in die Unzufriedenheit getrieben haben. Unser Leben muss gar nicht perfekt sein. Es muss nicht alle unsere Wünsche erfüllen. Es bleibt ja noch ein Rest, den allein Gott erfüllen wird. Wenn ich die Sehnsucht nach Gott in mir spüre als den eigentlichen Stachel, der mich lebendig hält, dann relativiert sich hier alles. Ob ich jetzt Erfolg habe oder nicht, spielt nicht mehr die entscheidende Rolle. Ob ich mit meinem Beruf zufrieden bin oder nicht, ist nicht mehr so wichtig. Ich kann auf alles gelassen herabsehen. Denn in der Sehnsucht habe ich einen Punkt in mir, der alles Alltägliche übersteigt. Und dieser Punkt ist der Ruhepunkt in allen Turbulenzen meines Lebens. Er befreit mich von der Unruhe, die mich hier schon die Erfüllung meiner Wünsche suchen lässt. Wenn ich weiß, dass allein Gott meine tiefste Sehnsucht erfüllt, dann kann ich ruhig und gelassen Ja sagen zu dem Leben, wie es halt ist, mit allen Höhen und Tiefen, mit seinen Begrenzungen und Behinderungen.

~ Anselm Grün
Ein Urbedürfnis

Die Mönche übernehmen auf ihrem Weg zur Herzensruhe Methoden und Einsichten, wie sie schon in den griechischen Philosophenschulen grundgelegt waren und praktiziert wurden. Für die Griechen war es die wichtigste Frage im menschlichen Leben, wie wir zum wahren Glück gelangen. Und die Philosophie sieht das Glück nicht in äußeren Gütern, sondern „in einem Zustand gleichmäßiger, unerschütterlicher Ruhe". Der Weg zu dieser inneren Ruhe, zum Seelenfrieden, geht über den rechten Umgang mit den Affekten, die die Seele aufwühlen. Der Mensch soll zu einem Zustand gelangen, in dem er von den Affekten nicht mehr hin und her geworfen wird, in dem er sie vielmehr in seine Sehnsucht nach Gott integriert. Die Kirchenväter haben das Streben vor allem der stoischen Philosophie nach Apatheia (Leidenschaftslosigkeit) und Ataraxia (unerschütterliche Ruhe) aufgegriffen und in ihre Lehre von der christlichen Gnosis eingebaut. So ist für Clemens von Alexandrien das Ideal des Seelenfriedens nur erreichbar durch die mystische Vereinigung mit Gott. Sie kann der Christ aber nicht aus eigener Kraft erlangen, sondern nur mit Gottes Hilfe. Evagrius Ponticus steht in der Tradition der beiden großen griechischen Theologen Clemens und Origenes, die die christliche Theologie und Spiritualität mit der Weisheit der griechischen Philosophie verbunden haben. Für Evagrius ist das Ziel des Mönches die Kontemplation, das Ruhen in Gott. Die Voraussetzung für die Kontemplation aber ist die Apatheia. Alle Methoden der monastischen Askese zielen auf die Erlangung der Apatheia. Die Apatheia ist für Evagrius kein Ausrotten der Leidenschaften (pathe), sondern ein Zustand inneren Friedens, den die Affekte nicht mehr stören. In der Apatheia ist der Mönch frei geworden vom pathologischen Verhaftetsein an die Leidenschaften (an die Logismoi). Die Leidenschaften wühlen ihn nicht mehr auf, sondern sie dienen seinem Streben nach Gott. Der Mönch kann die Kraft, die in den Leidenschaften steckt, für seine Sehnsucht nach Gott nützen. Nur so kann eine lebendige Spiritualität entstehen, in der der Mensch mit all seinen Kräften, auch mit seinen Affekten und Leidenschaften, sich in Gott verankern kann und so zum unablässigen Gebet und zur Herzensruhe findet.

Johannes Cassian, der die Mönchsväter in der Wüste besucht hat und in seinen „24 Unterredungen" (Collationes) die Lehren des östlichen Mönchtums für den Westen neu gefasst hat, spricht nicht von Apatheia, sondern von der Puritas Cordis, von der Reinheit des Herzens. Es ist ein Zustand, in dem der Mönch seine spirituelle Sehnsucht nicht mehr mit seinen Projektionen verunreinigt, in dem er für Gott durchlässig wird und frei von Gottesbildern, mit denen er das Bild des wahren Gottes verfälscht. Reinheit des Herzens ist ein Zustand, in dem der Mönch ganz und gar durchlässig geworden ist für Gott, in dem er von Gottes Geist bestimmt wird. Reinheit des Herzens ist für Cassian letztlich identisch mit Liebe, mit einer reinen und unverfälschten Liebe. In der Reinheit des Herzens kommt der Mönch zur wahren Ruhe in Gott. Cassian spricht hier von der

Tranquillitas Animi, von der Seelenruhe, oder von der Imperturbatio (frei sein von Aufregung und innerem Chaos).
Wenn Evagrius und Cassian den Mönchsweg als Weg zur inneren Ruhe aufzeigen, antworten sie damit auf ein Urbedürfnis des Menschen, nicht nur der ersten christlichen Jahrhunderte, sondern auch der heutigen Zeit. Es war die Grundfrage, die die griechische Philosophie seit Plato bewegt hat und die sie für das Abendland wegweisend diskutiert und beantwortet hat. Die Sehnsucht nach der Herzensruhe bewegt nicht nur die Mönche in der ägyptischen Wüste, sondern gerade auch uns in unserer hektischen und stressgeplagten Zeit. Wie können wir mitten im Trubel unserer Zeit die innere Ruhe finden? Für die Mönche ist die Frage nach der Herzensruhe identisch mit der Frage, wie man wahrhaft Mönch sein kann. Wir könnten auch sagen: Es ist die Grundfrage, wie menschliches Leben gelingen kann.

Ruhe finden heißt an sich selbst arbeiten

〜 Anselm Grün
Von der Ruhe und der Unruhe

Im Prolog zu seiner Regel lässt Benedikt mit dem Propheten fragen: „Herr, wer darf in deinem Zelte wohnen, oder wer wird ausruhen auf deinem heiligen Berg?" Im Lateinischen steht hier „requiescit". Requies heißt Ruhe, Rast, Erholung. Benedikt versteht den Weg des Mönches also als einen Weg zur Ruhe auf dem Berg Gottes, als einen Weg zur Erholung in Gott. Der Weg dorthin besteht allerdings durchaus im Kampf, im Kriegsdienst, im Befolgen der Worte der Schrift. Der Anfang dieses Kampfes erscheint dem Mönch oft genug hart. Er muss durch das enge Tor des göttlichen Gebotes eintreten. Aber dann „weitet sich das Herz, und mit der unsagbaren Freude der Liebe eilt er voran auf dem Weg der Gebote Gottes". Die Ruhe, die Benedikt versteht, ist nicht eine untätige Ruhe, nicht ein faules Sich-Ausruhen, sondern die Ruhe des weiten Herzens, des offenen Herzens. Der Mönch, der den Weg der Gebote gegangen ist, der mit sich und seinen Leidenschaften gekämpft hat, kommt in seinem Herzen zur Ruhe. Das Herz wird weit, weil nun Gott selbst darin wohnt. Die Ruhe, die Benedikt meint, ist keine sich selbst genügende Ruhe, in der der Mönch sich von der Welt abschließt, sondern eine einladende Ruhe, in der auch die Ruhe finden können, die sich auf den Weg zum heiligen Berg machen. Es ist eine schöpferische Ruhe, von der alle leben, die im Umkreis des Klosters leben. Sie wird zu einer Quelle des Segens für alle, die die Gastfreundschaft des Klosters in Anspruch nehmen.

Im Mittelalter haben die Mönche ihr Leben vor allem mit den Begriffen „otium“ und „quies“ beschrieben. Ihr Leben in der Klausur verstehen sie als „otium“, als innere Ruhe. Sie ist die Bedingung, um Weisheit zu erlangen. Sie verstehen ihre Ruhe als Vorwegnahme der himmlischen Ruhe, die uns erwartet. Der Mönch ist wesentlich ein „otiosus“, einer, der unbeschäftigt ist, der frei ist für Gott (vacans deo), im Gegensatz zum Menschen in der Welt, der „negotiosus“ ist, der beschäftigt ist mit tausend Dingen. Frei sein für Gott, die Ruhe bei Gott genießen, unbeschäftigt sein, Muße haben für Gott, darin sehen die Mönche des Mittelalters das Wesen ihres Lebens. Aber es ist keine Ruhe, die nur um sich selbst kreist. Sie verwirklicht sich vielmehr gerade im Tun.

Thomas von Kempen
Im guten Frieden

Am Friedensort ward seine Ruhestätte (Psalm 75,3). Wer ist im guten Frieden? Wer sanftmütig und demütig von Herzen ist. Warum bist du neugierig, die Verhältnisse anderer zu kennen, zu wissen, wie sie sich befinden, und vernachlässigst dich selbst in vielen Dingen? Siehe, wer sich am meisten demütigen und um Gottes willen leiden kann, der hat den besten Frieden, dem wird jedes Werk leicht wegen Gott, den er im Herzen hat. Selig, wer zu Gott spricht im Gebet, in der Betrachtung, im Gesang und in der Lesung und von fremden Dingen schweigt, die in der Welt geschehen. Wo immer du bist oder hingehst oder fliehst, dahin werden deine Gedanken dich begleiten. Eine gute Betrachtung erfreut, eine schlechte aber macht traurig. Der Zorn verwirrt, der Neid blendet und der Hass bringt dir den Tod. Durch fromme Lesung wirst du belehrt, durch das Gebet wird dein Herz entzündet und durch das Werk das Wort erfüllt. Eine heilige Rede reinigt die Herzen, eine eitle dagegen befleckt, eine müßige ärgert, eine harte beleidigt, eine milde versöhnt, eine sittliche erbaut, eine geschichtliche kräftigt den Glauben, eine himmlische hebt empor zum Himmel. Reinige also dein Herz von aller Bosheit, und du wirst den besten Frieden genießen. Es ist kein Frieden denkbar außer in Gott und bei dem Tugendhaften, der alles Gottes wegen tut, den er in seiner Seele liebt. Lerne schweigen und aus Liebe zu Gott etwas ertragen, und er selbst wird dich von aller Last und von aller Unruhe befreien.

Heinrich Seuse

Bei sich selbst bleiben

Ein beginnender Mensch mag, ehe er in Gott dauernd gefestigt wird, gar leicht in die Irre gehen. Dagegen gibt es kein besseres Mittel, als dass der Mensch, sosehr er nur vermag, gründlich allen zerstreuenden Dingen entsage, sich in seinem eigenen Inneren einen Weg bahne und bei sich selbst bleibe. Denn der bringt seinen Herzensfrieden in Gefahr, der sich ohne zwingende Notwendigkeit der äußeren Welt ausliefert. Man erzählt von dem großen Meister Albert, er habe gesagt: „Ich gehe nie zur Klosterpforte, ohne als ein Geringerer von dort zurückzukehren."

Ein Mensch soll sich von Herzen allezeit mit Gott vereinigen. Dazu gehörten Stillschweigen und tiefe Betrachtung, wenig Worte und viel hartes Wirken. Was Gott einem Menschen an Leiden schickt, soll er freudig annehmen, aller Menschen Mängel in Geduld übersehen, von den verführerischen Dingen sich abkehren, niemandem viel zuhören, seine Sinne hüten, jemandem wenig Zeit oder Worte opfern, sich selbst sorgfältig beobachten, sich unter Gott und alle Menschen beugen, von den Menschen Gutes sprechen, sich selbst für nichts achten, Gott fröhlich dienen und den Menschen ein gutes Beispiel geben, sich vor dem geringsten wie vor dem größten Fehler hüten, Gott in allen Dingen vor Augen haben und auf solche Weise allezeit mit Gott verbunden sein; denn auf solche Art kann ein Mensch in Gott festen Platz erhalten, die verlorene Zeit wieder einbringen und neues Gut von Gott erwerben. Amen.

~ Nikolaus von Kues
Maria und Martha

Aber die andere Schwester, Maria, saß zu Füßen des Herrn und hörte auf sein Wort; d. h. Maria war durch die beschauliche Kraft in ausgezeichneter Weise an die göttliche Beschauung hingegeben und bewahrte alles, was sie von außen her vom Herrn Jesus gehört oder im Inneren geschöpft hatte, und sammelte es in ihrem Herzen. In diesen Worten wird berührt, was zur Beschauung erforderlich ist, zunächst die Ruhe, denn: Sie saß, und es darf nicht nur eine äußere, sondern muss auch eine innere Ruhe sein, die Ruhe vor den Leidenschaften und vor den Zerstreuungen der Vorstellungsbilder; denn der Geist muss ruhig sein. Darum heißt es: Lasst ab und erkennet, dass ich Gott bin; und: Am Friedensort ist seine Ruhestatt. Die Seele wird nämlich durch Ruhe weise.

Da aber der siebte Tag, welcher Sabbat, d. i. Ruhe, heißt, von Gott gesegnet ist, daher ist die Unruhe verflucht. Es ist also einiges zu sagen vom Gegenteil der Ruhe, von der Unruhe, d.h. von der Habsucht, wie verabscheuungswürdig diese ist. Dass Unruhe aus der Habsucht kommt, ist klar, da ja maßlose Liebe zu Reichtum es ist, die den Menschen überflüssig besorgt macht um Erwerb oder Bewahrung von Besitztum. Durch diese Besorgtheit und Sorgen wird der Mensch vom Geistigen abgezogen, worin er in erster Linie dienstbeflissen sein sollte. Darum heißt es bei Matthäus: Sammelt euch Schätze im Himmel! Und er fügt bei: Wo dein Schatz ist, dort ist dein Herz.

¶ *Zum Weg in die innere Stille gehört immer das Loslassen, das Sich-Lösen, das Gelöstsein.* Emmanuel Jungclausen ¶

~ Emmanuel Jungclausen
Müder Geist, nun kehr zur Ruh

Müder Geist, nun kehr zur Ruh
und vergiss der Bilder alle;
Schließ die Augen sachte zu,
was nicht Gott ist, dir entfalle;
schweig dem Herrn und halt ihm still,
dass er wirke, was er will!
(Gerhard Tersteegen)

Zum Weg in die innere Stille gehört immer das Loslassen, das Sich-Lösen, das Gelöstsein. Der Dichter Gerhard Tersteegen spricht aufmunternd sich selbst an, er fordert seinen „müden Geist" auf, „nun", am Abend eines geschäftigen Tages, zum Feierabend, zur Ruh zu kehren. Mein Geist ist müde geworden von dem Vielerlei, von dem, was mich vom Wesentlichen entfernt und abgebracht hat, von mir selbst, von dem, was in der Tiefe meiner selbst, im Innersten meines Geistes auf mich wartet: das Antlitz Gottes. Ich soll eine Kehre vollziehen zur Ruhe hin.

Das Wort „Ruhe" ist ein Geheimniswort der Mystiker. Eine Strömung, die die ganze Geschichte der christlichen Spiritualität durchzieht, ist nach diesem Wort benannt („Hesychasmus" vom griechischen Wort hesychia – Ruhe). Für die Väter des ägyptischen und später sinaitischen Mönchtums bedeutet hesychia den inneren und äußeren Zustand der Ruhe, Stille, des

Schweigens, der Abgeschiedenheit und Gelassenheit. Sie setzt die Erfüllung der Gebote und die asketische Lebensführung, die Selbstbemeisterung voraus. Zu ihren wesentlichen inneren Bedingungen gehört Sorglosigkeit im Sinn der Bergpredigt, geistliche Nüchternheit und innere Wachsamkeit („Bewahrung des Herzens") und schließlich als Wichtigstes das Gott-Gedenken bzw. das immerwährende Herzensgebet, das später als Jesus-Gebet in besondere Weise den Hesychasmus bekannt machte. Der Athos-Mönch und spätere Erzbischof von Thessaloniki, Gregor Palamas, gibt im 13. Jahrhundert das Wesen des Hesychasmus zusammenfassend so wieder: „Hesychia ist Stillesein des Geistes und der Welt, Vergessen des Niedrigen, geheimnisvolles Erkennen des Höheren, das Hingeben der Gedanken an etwas Besseres, als sie selbst sind. So schauen die, die ihr Herz durch solche heilige Hesychia gereinigt und sich auf unaussprechliche Weise mit dem alles Denken und Erkennen übersteigenden Licht vereinigt haben, Gott in sich selbst wie in einem Spiegel."

Der Begriff der Ruhe spielt auch im Westen, zum Beispiel in der spanischen Mystik der heiligen Teresa von Avila und im „goldenen Zeitalter" der französischen Mystik eine bedeutende Rolle. Mit beiden war Gerhard Tersteegen tief vertraut. Er hat u. a. Schriften der französischen Mystikerin Jeanne-Marie Guyon (1648–1717, also rund fünfzig Jahre älter als er) ins Deutsche übersetzt und damit der evangelisch-pietistischen Lebenswelt vermittelt.

„Müder Geist, nun kehr zur Ruh." Diese Ruhe ist das Abenteuer, auf das ich mich einlasse. Vieles sträubt sich im Menschen gegen die Ruhe, weil in ihr die Stunde der Wahrheit schlägt. Das Zur-Ruhe-Kommen ist die Stunde der Wahrheit über mich selbst, über mein Selbst, das geheimnisvolle Bild der Ganzheit und Einheit, das nur in dieser Ruhe aufscheint.
In der Übung nehmen wir nur diesen Satz und lassen ihn in uns klingen: „Müder Geist, nun kehr zur Ruh." Was ermüdet uns in unserem Leben? Was empfinden wir als entfremdende Müdigkeit, die uns vom Eigentlichen und Wesentlichen abbringt? „Kehr zur Ruh" – indem ich mich mit dieser Ruhe, die gleichzeitig Stille und Schweigen ist, auf etwas Unauslotbares einzulassen versuche. „Müder Geist, nun kehr zur Ruh."

Romano Guardini
Inmitten des Tages

Der Tageslauf des Menschen unserer Zeit ist von allem Möglichen in Anspruch genommen. Immerfort wird geeilt, erledigt, weitergeeilt. Der Tag ist vollgestopft, und dadurch wird er leer. Denn was wirkliche Fülle schafft, kommt nur zum geringsten Teil aus den Gegenständen selbst; zum Wichtigsten kommt es aus der Kraft, mit welcher der Gegenstand erlebt wird; aus der inneren Tiefe des Geistes und Herzens, welche daran erwacht. Die aber wird umso weniger, je mehr Ereignisse an den Menschen kommen und je rascher die Dinge einander ablösen. Wollen wir also recht meditieren, so müssen wir vor allem aus der Unrast heraus. Das geht aber nicht ohne Weiteres, denn was wir Tag um Tag, monatelang, jahrelang getan haben, was alle um uns her tun, was die Zeit selbst tut, sitzt uns in den Muskeln, die sich niemals lösen; in den Nerven, die immer am Arbeiten sind; im Vorstellen und Begehren und Sorgen. Wir sind von hetzenden Mächten ganz durchwirkt; also wird es etwas kosten, uns aus diesem Zwang zu befreien.

Zeit ist gerichtete Bewegung. Wir empfinden sie so, dass sie aus der Zukunft auf uns zu kommt, durch uns hindurchgeht und in die Vergangenheit strömt; oder so, dass unser Lebensakt durch sie hinstrebt, auf das Ziel zu. Nun aber ist aus dieser wesenhaften Bewegung ein rastloses Jagen geworden – wie soll da Meditation möglich sein? Der Meditierende kann jene Bewegung der Zeit nicht aufhalten. Kann er vielleicht aus ihr heraustreten? Dann müsste es etwas geben, worauf er treten könnte – gibt es das? Ja, es besteht darin, dass Ewigkeit in uns ist, deshalb, weil wir aus Gott kommen; weil wir in ihm sind und auf ihn hin, oder wie wir das ausdrücken mögen, dass der Mensch nicht bloße losgelassene Endlichkeit, sondern eine Liebesschöpfung Gottes ist. Darauf können wir uns „stellen".

Es ist nicht nötig, dass wir uns klar machen, wie das vor sich geht. Ja, wir könnten es gar nicht, so wenig wir uns klar machen können, wie das vorgeht, dass man aus dem Wachen in Schlaf sinkt oder aus dem Schlaf ins Wachsein tritt. Aber wir können es tun. Die Möglichkeit wartet in uns; vollziehen wir sie! Es gab Menschen und gibt sie immer wieder – die Heiligen – die, mitten in der Zeit lebend, der Ewigkeit in sich Raum gegeben haben. Die Ewigkeit ist in ihnen aufgestiegen; und wiederum stehen sie in der Ewigkeit. Daraus kommt ihnen die große Ruhe und die unwiderstehliche Kraft. Was in ihnen machtvoll lebt, das ist, und sei es in noch so bescheidenem Maße, auch in uns. Auf dieses Ewigkeitsvermögen wollen wir uns stellen und uns so aus dem Zwang des Immer-weiter-Voran frei machen.

Das ist das Erste in der Vorbereitung auf die Meditation: Ruhig zu werden, in Körper und Gemüt. Mit den Gliedern und Muskeln soll es beginnen; soll in die Gedanken gehen, in den Willen, in den Sinn, immer tiefer hinab: „Ich habe jetzt nichts anderes zu tun, als ruhig hier zu sein ... Ich weiß, die Sorgen sind da. Aber sie sind für später ... Pflichten warten auf mich, Unannehmlichkeiten, die und die Sache. Aber dafür wird schon die Zeit kommen ... Jetzt liegt alles in Gottes Hand. Jetzt habe ich Ferien. Gott sorgt statt meiner. Ich will ruhig hier sein, frei und gegenwärtig."

Thomas Merton
Letzte Ruhe

Unser ganzes Leben sollte ein Meditieren über unsere letzte und wichtigste Entscheidung sein: die Entscheidung zwischen Leben und Tod.
Wir alle müssen sterben. Aber die Verfassung, in der wir dem Tod gegenübertreten, macht ihn für uns zu einer Entscheidung zum Tode oder zum Leben.

Wenn wir während unseres Lebens das Leben gewählt haben, dann werden wir im Sterben vom Tode zum Leben hinübergehen. Leben ist etwas Geistiges; und Geistiges ist schweigsam. Wenn der Geist, der die Flamme physischen Lebens im Leibe wachgehalten hat, sich sorgsam von dem Öl nährte, das nur im Schweigen göttlicher Liebe zu finden ist, dann wird beim Sterben des Leibes der Geist in seiner eigenen Flamme mit dem gleichen Öl weiterbrennen. Wenn dagegen der Geist die ganze Zeit mit dem unreinen Öl der Leidenschaft oder des Egoismus oder des Stolzes gebrannt hat, dann wird in der Todesstunde der Geist zugleich mit dem Licht des Leibes erlöschen, weil kein Öl mehr in der Lampe ist.
¶ *Wir müssen unser Leben lang lernen, unsere Lampen zu richten und schweigend mit der Liebe zu füllen.* ¶ Und zuweilen müssen wir auch reden und die Herrlichkeit Gottes bekennen, um unsere Liebe zu mehren, indem wir die Liebe anderer stärken und auch sie die Wege des Friedens und des Schweigens lehren.

Wenn in unserer Sterbestunde der Tod als unwillkommener Fremdling zu uns tritt, so darum, weil auch Christus uns stets ein unwillkommener Fremdling gewesen ist. Denn wenn der Tod sich naht, naht sich auch Christus und bringt uns das ewige Leben, das Er mit Seinem Tod für uns erkauft hat. Wer darum das wahre Leben liebt, sinnt oft über seinen Tod nach. Sein Leben ist erfüllt von einem Schweigen, das der vorweggenommene Sieg über den Tod ist. Ja, Schweigen macht den Tod zu unserem Knecht, sogar zum Freund. Gedanken und Gebete, die dem schweigenden Gedanken an den Tod entwachsen, sind wie Bäume, die in wasserreicher Erde wurzeln. Es sind starke Gedanken, die die Furcht vor Unglück überwinden, weil sie Leidenschaft und Begier überwunden haben. Sie wenden das Antlitz unserer Seele in ständigem Verlangen dem Antlitz Christi zu.

Wenn ich sage, dass lebenslangem Schweigen eine letzte Aussage zugeordnet ist, so meine ich damit nicht, dass wir alle mit frommen Reden auf den Lippen sterben sollten. Unsere letzen Worte brauchen keine besondere oder dramatische Bedeutung zu haben, die es wert ist, aufgeschrieben zu werden. Jeder gute Tod, jeder Tod, der uns von der Unsicherheit dieser Welt zu dem nie versagenden Frieden, dem Schweigen und der Liebe Christi verhilft, ist an sich schon Aussage und Abschluss. Er besagt, mit Worten oder ohne Worte, dass es für das Leben gut ist, zu seinem ihm bestimmten Ende zu kommen, für den Leib zum Staube zurückzukehren und für die Seele zum Vater aufzusteigen durch die Gnade unseres Herrn Jesu Christi.

Ein stummer Tod ist vielleicht ein beredteres Zeugnis für den Frieden als ein von lebhaften Äußerungen unterbrochenes Sterben. Ein einsamer, ein tragischer Tod kann dennoch mehr über den Frieden und die Barmherzigkeit Christi aussagen als manch ein trostreicher Tod.

Denn die Beredtheit des Todes ist die Beredtheit menschlicher Armut, die von Angesicht zu Angesicht die göttliche Barmherzigkeit schaut. Je mehr wir der erhabenen Größe unserer Armut innewerden, umso sinnvoller wird unser Tod sein – umso größer seine Armut. Denn die Heiligen waren es, die im Leben die Ärmsten sein wollten und die vor allem über die herrliche Armut des Todes frohlockten.

V.

Unserem tiefsten Grund begegnen

„Gott ist in der Mitte!
Alles in uns schweige."
(Gerhard Teerstegen)

gott offenbart sich im schweigen

~ Madeleine Delbrêl
Im Gedröhne der Straßen

Alle Geräusche, die uns umgeben, machen viel weniger Lärm als wir selbst.
Der eigentliche Lärm ist der Widerhall der Dinge in uns. Wer spricht, unterbricht damit nicht schon das Schweigen. Das Schweigen ist der Platz des Wortes Gottes, und wenn wir beten, wiederholen wir bloß dieses Wort, ohne unser Schweigen zu unterbrechen.
Die Klöster erscheinen als die Orte des Lobpreises und jenes Schweigens, das für den Lobpreis unentbehrlich ist.
Wir auf der Straße, zwischen die Leute gepresst, bereiten unsere Seelen zu ebensoviel Höhle des Schweigens, worin das Wort Gottes ruhen und widerhallen kann. Uns Leuten von der Straße scheint Einsamkeit nicht die Abwesenheit der Welt, sondern die Gegenwart Gottes zu sein. Dass wir überall Ihm begegnen, macht unsere Einsamkeit aus. ¶ *Wahrhaft einsam sein, besagt für uns, an Gottes Einsamkeit teilnehmen.* ¶ Er ist so groß, dass er keinem anderen Raum lässt, es sei denn in Ihm. Die ganze Welt ist uns wie ein Aug-in-Auge zu Ihm, dem wir uns nicht entziehen können. Begegnung seiner lebendigen Ursächlichkeit im Gedröhn der wimmelnden Straßen.

¶ *Uns Leuten von der Straße scheint Einsamkeit nicht die Abwesenheit der Welt, sondern die Gegenwart Gottes zu sein.* Madeleine Delbrêl ¶

~ Fridolin Stier
Nachdem …

… Und immer noch blühen
die Rosen –
und sind schön
und sind still
und stehen
und sind.

und immer noch blühen
die Rosen –
und denken das Schweigen
und lächeln das Welken
und sinnen das Sein
und fürchten sich nicht in der Nacht …

… und immer noch
blühen
noch immer
die Rosen
und …

~ Willigis Jäger
Gott offenbart sich im Schweigen

Wie kommen wir hinter den Lärm unserer Sinne, unserer Gedanken und Gefühle? Wir müssen wohl lernen, nur zu schauen, nur zu hören, ohne zu werten und zu urteilen. Nur da zu sein, spüren und lauschen. Ich probiere es öfters untertags, immer wieder einmal fünf Minuten lang. – Einzusehen, dass wir nichts machen können, dass sich die Dinge ereignen, wenn wir ruhig werden, dass wir Einfälle haben, wenn wir leer sind. Nur dann kann ja etwas „einfallen".
Nur auf die Stille achten, die Stille hören! Bis wir in der Stille arbeiten können, sprechen können, bis die Ruhe der Hintergrund geworden ist, auf dem sich alles zeigt. Gehen in der Stille, arbeiten in der Stille, warten in der Stille, am Bus, in der Einkaufschlange, beim Arzt, im Lärm des Verkehrs.

❦

¶ *Die Stille heilt. Sie ist das einzige wirkliche Mittel gegen Stress.* ¶ Die Ruhe macht etwas mit uns. Ungeahnte Kräfte liegen in der Ruhe, ordnende, heilende, harmonisierende Kräfte. Sagt uns nicht schon die Astrophysik, dass in den leeren Räumen des Universums die stärksten Energien zu Hause sind? ...
Die Stille kann zum Gebet werden. Gott die Stille anbieten. Die Stille eint, sie eint auch mit Gott, viel mehr als Worte. Wie antwortete doch der Pfarrer von Ars auf die Frage, was er denn so lange in der Kirche mache: „Er schaut mich an, und ich schaue ihn an." Schauen, ohne etwas Bestimmtes sehen zu wollen. Reines Of-

fensein. Eine Blume anschauen, ohne sie zu zerlegen in Farbe und Form. Einen Baum, einen Menschen aufnehmen, wie er ist, ohne Wertung, ohne Urteil, ohne ihn einzusortieren in unsere Denkmuster und Schubladen. Die Welt offenbart sich aufs Neue. Sie bekommt eine neue Farbe, wie Rumi sagt. Wir sollen uns aus dem Gefängnis unserer Aktivität hinausstehlen in die Stille, meint er. Dem Lärm sollen wir sterben, der uns wie eine Wolke einhüllt. Das führt nicht aus dem Leben hinaus. Es führt in das wirkliche Leben, das sich nur auf dem „Hintergrund Gott" wirklich offenbart. Er ist ein Gott, der sich im Schweigen offenbart.

David Steindl-Rast
Leben aus der Stille – ein dankbares Leben

Über Stille darf zuletzt nur Dichtung reden. Nur die Worte der Dichter brechen das Schweigen nicht, sondern lassen es vielmehr zu Wort kommen.
Dichtung der Stille im Vollsinn des Wortes finden wir nur im japanischen Haiku. Die siebzehn Silben, auf die sich diese Gedichtform beschränkt, werden kalligrafiert und mit den Augen lautlos gelesen. Das Haiku ist seinem Wesen nach verdichtete Stille. Es entspringt einer Kultur, die vom Buddhismus geprägt ist und daher dem Schweigen jenen höchsten Rang einräumt, den die Buchreligionen dem Wort zusprechen.
Unsere westliche Kultur wird vom Wort beherrscht. Wir können uns in eine Kultur des Schweigens und der Stille kaum hineindenken. Oft sind wir wie vom Wort besessen, voller Angst vor all dem, was sich nicht in Worte fassen lässt. Und doch ah-

nen wir, dass das „erlösende Wort“ aus dem Schweigen kommen muss. Ja, wir ahnen sogar, dass Wort und Schweigen untrennbar zusammengehören, dass an echten Worten die Stille das Wesentliche ist. Wir haben keine Schwierigkeit, zwischen einem bloßen Wortwechsel und einem Gespräch zu unterscheiden. Was an einem echten Gespräch wichtiger ist als die Worte, ist die Bereitschaft, uns von den Worten in jene Stille führen zu lassen, aus der sie auf uns zukommen. Darum münden die tiefsten Gespräche in gemeinsames Schweigen.

Auch jedem guten Gedicht merkt man es an, dass es aus der Stille stammt und in die Stille zurückführen will. Wenn auch die deutsche Dichtung eindeutig Dichtung des Wortes ist, so hat sie doch Höhepunkte gerade dort erreicht, wo Worte noch zart am Unsagbaren ausgehen und wo dann nur noch Stille übrig bleibt. So wenn Eichendorff singt:

Und meine Seele spannte
weit ihre Flügel aus,
flog durch die stillen Lande,
als flöge sie nach Haus.

Oder Ricarda Huch:

Tief in den Himmel verklingt
traurig der letzte Stern.
Noch eine Nachtgall singt
fern – fern.

Und wer denkt da nicht auch an Goethes „Über allen Gipfeln ist Ruh'"?
Es ist kein Zufall, dass wir eines der gelungensten Gedichte zum Thema Stille im ersten Teil von Rilkes Stundenbuch finden, im Buch vom mönchischen Leben. Ist nicht Stille der Lebensatem mönchischen Lebens? Und wetterleuchtet nicht in jedem Menschenherzen manchmal die Sehnsucht nach tiefem Atemholen in Stille? Diese Sehnsucht wird in Rilkes Gedicht zum Gebet.

Wenn es nur einmal so ganz stille wäre.
Wenn das Zufällige und Ungefähre
verstummte und das nachbarliche Lachen,
wenn das Geräusch, das meine Sinne machen,
mich nicht so sehr verhinderte am Wachen –

Dann könnte ich in einem tausendfachen
Gedanken bis an deinen Rand dich denken
und dich besitzen (nur ein Lächeln lang),
um dich an alles Leben zu verschenken
wie einen Dank.

Die erste Strophe gipfelt in dem Wort „Wachen". Nur Stille ermöglicht uns ein solches Wachen, das weit mehr ist als bloßes Wachsein. Wachen ist Hellhörigkeit, ein Hinhorchen, für das die Stille nicht nur Voraussetzung ist, sondern Inhalt. Wer wirklich wacht, horcht auf die Stille selbst – und schaudert.
„Wir hören's nicht, wenn Gottes Weise summt. Wir schaudern erst, wenn sie verstummt", sagt Hans Carossa. Wir schaudern, weil alle, die auf Stille horchen, Gott hören. Wir schaudern,

weil alle, die in Stille eintauchen, Gott angehören. Da solches Angehören immer gegenseitig ist, kann Rilke sich danach sehnen, in der Stille Gott zu „besitzen", wenn auch „nur ein Lächeln lang".

Wie aber sollen wir das überschwängliche Bild verstehen vom „tausendfachen Gedanken", mit dem der Dichter das göttliche Du „bis an den Rand" denken möchte? In der Glut eines so tausendfach übersteigerten Gedankens schmilzt das Begreifen und wird zu Ergriffenheit. „Wachen" war das Endwort der ersten Strophe; die zweite Strophe steigert sich zum Wort „Dank": Vollwaches Denken wird zum Danken.

Wer kennt nicht diesen Wendepunkt von denken zu danken aus eigener Erfahrung? Wir müssen nur an einen jener Augenblicke denken, die wir alle manchmal erleben, obwohl wir sie nur den Mystikern zutrauen. Ganz unerwartet werden wir da plötzlich „wach", fallen aus Zeit und Raum in eine unauslotbare Stille hinein und fühlen überwältigende Dankbarkeit in uns aufsteigen. Ganz gleich, wo uns das widerfährt – auf einem Berggipfel, in einer Kathedrale oder mitten im Verkehrsstau –, das ist ein mystisches Erlebnis. Abraham Maslow erforschte solche „Peak Experiences", wie er sie nannte, vom Standpunkt der Psychologie. Er fand, dass solche Erfahrungen bei „ganz gewöhnlichen Menschen" häufig sind und sich in keiner Weise von denen der „Mystiker" unterscheiden. Ein Unterschied liegt vielmehr darin, dass die meisten von uns weiterleben, als ob nichts geschehen wäre, und bald wieder „das Zufällige und Ungefähre" laut werden lassen, während die Mystiker aus der Stille leben. Es steht auch uns frei das zu tun und so unser Leben im Bleibenden zu verankern. Der Schlüssel dazu ist dankbares Leben.

¶ *Leben aus der Stille ist nichts anderes als dankbares Leben.* David Steindl-Rast ¶

Alles, was wir sehen, hören, riechen, schmecken, tasten oder sonst auf sinnliche Weise wahrnehmen, ist Wort – Wort, das uns aus der Stille des göttlichen Urgrundes zugesprochen wird. Wir selbst sind in diesem Sinn Wort – „ausgesprochen und zugleich angesprochen" (worin Ferdinand Ebner tiefsinnig unsere menschliche Sonderstellung sieht). All die Vielfalt rund um uns und in uns ist letztlich ein einziges Wort, das auf immer neue Weise „Ja" sagt und so allem Dasein Wirklichkeit gibt. Wenn wir wach darauf hinhorchen, führt uns dieses Wort zurück in die Stille, aus der es stammt. Uns dahin führen zu lassen, heißt verstehen.
Es geht bei diesem Verstehen um weit mehr als intellektuelles Begreifen; es geht um ein Einstehen für das, worauf wir uns verstehend einlassen. Uns vom Wort führen lassen, heißt verantwortlich handeln. Im Alltag bedeutet das, dass alle, die „durch den Geist Gottes geführt werden", mit kindlicher Unbefangenheit in jeder Lage die rechte Antwort finden können in Wort und Tat. In der weitesten Sicht bedeutet es Teilnahme an dem göttlichen Reigentanz, den die christliche Vorstellungskraft aus Johannes 16,28 herausliest, wo der Logos spricht: „Ausgegangen bin ich vom Vater und gekommen bin ich in die Welt; ich verlasse wieder die Welt und gehe zum Vater." Aus dem Schweigen kommend, kehrt das Wort durch liebendes Verstehen ins

Schweigen zurück. Mitzutanzen in diesem Reigen ist die höchste Erfüllung dessen, was wir „Leben aus der Stille" nennen.

Leben aus der Stille ist nichts anderes als dankbares Leben. Wir können „mitten in der Welt" all das, was wir tun, bestimmen lassen von jener Stille, die in der monastischen Tradition zu Hause ist. Dazu bedarf es nicht einmal der äußeren Stille, obwohl diese eine große Hilfe sein kann. Wir müssen nur dankbar leben lernen.

Im trinitarischen Rundtanz dürfen wir den Kreislauf der Dankbarkeit sehen. Wir erleben den Urgrund der Wirklichkeit als den Ursprung all dessen, was „es gibt". Die Wirklichkeit, mit der wir es zu tun haben, zeigt sich uns immer als Gegebenheit – also als Gabe. ¶ *Unser eigenes Leben ist uns zugleich gegeben und aufgegeben. Die Aufgabe, die in dieser Gabe liegt, heißt Leben in Dankbarkeit.* ¶ Und worin besteht das? Einfach darin, dass wir uns dem Leben stellen.

Dankbarkeit ist still und einfallsreich; sie macht etwas aus jeder Gegebenheit. Meistens ist uns Gelegenheit gegeben, uns an etwas zu freuen. Leider sind wir oft nicht wach genug, das wahrzunehmen. Aber in jeder gegebenen Lage, sei sie noch so schwierig, wird uns Gelegenheit geschenkt, uns schöpferisch – und dadurch dankbar – zu erweisen. Wir müssen uns nur etwas einfallen lassen. Und jeder Einfall ist selbst wieder Geschenk. Indem wir so Schritt für Schritt aus unserem Leben etwas machen, steigt es zum Ursprung zurück als Dank.

In dieser gegebenen Welt dankbar leben, heißt Sinn finden. Und in dem Maß, in dem wir Sinn finden, werden wir still. Dann fallen wir nicht mehr, wie Hölderlins leidende Menschen

„blindlings von einer
Stunde zur andern,
wie Wasser von Klippe
zu Klippe geworfen,
jahrlang ins Ungewisse hinab".

Der Kreislauf in dem alles Gegebene als Dank zum Ursprung zurückkehrt – der Kreislauf, in dem das Schweigen Wort wird und im Verstehen zurückkehrt ins Schweigen – findet ein dichterisches Bild in den Marmorschalen von Conrad Ferdinand Meyers römischem Brunnen:

„... und jede nimmt und gibt zugleich
und strömt und ruht."

NICHT VON DIESER WELT

~ Volkmar Keil
Weg zu Gott

Entfernen des Hinderlichen,
das ist die Methode
für den Weg zu Gott:

Entfernen alles Lauten, Grellen, Unreinen,
Entfernen alles Weltlichen.

Wenn wir aber alles Weltliche
aus unserer Seele entfernt haben –
was bleibt uns dann noch,
uns Weltlichen?

Schweigen. Dunkel.

Und in diesem Dunkel: Gott.

~ Thomas Merton
In seinem Schweigen spricht Er

Ich muss Ihn, dessen Schweigen ich teile und anbete, beim Namen nennen; denn in Seinem Schweigen spricht Er auch meinen Namen aus. Er allein kennt meinen Namen, in dem ich auch den Seinen kenne. Denn in dem Augenblick, da Er mich „mein Sohn" nennt, werde ich inne, dass Er „mein Vater" ist. Dieses Erkennen ist in mir ein Akt, in Ihm eine Person. Mein Akt ist das Ausgehen Seiner Person, das Wehen Seines Geistes, Seiner Liebe in mir. Wenn Er west, wese ich mit Ihm, sodass auch ich es bin, der west. Und in dieser meiner Bewegung erwache ich zu der Erkenntnis, dass „ich bin", und ich rufe „Abba, Vater".

Aber da ich nicht mein eigener Vater bin, ist es sinnlos, dass ich versuche, zu einer solchen Erkenntnis von Ihm zu gelangen, indem ich mich selbst in der Kammer meines Schweigens „Sohn" nenne. Meine Stimme vermag nur ein totes Echo aufzuscheuchen, wenn sie sich selbst ruft. Niemals kann es ein Erwachen in mir geben, wenn ich nicht von Ihm, der mein Licht ist, aus der Finsternis herausgerufen werde. Nur Er, der das Leben ist, vermag die Toten zu erwecken. Und wenn Er mich nicht beim Namen nennt, bleibe ich tot, und mein Schweigen ist das Schweigen des Todes. Sobald Er aber meinen Namen ausspricht, ist mein Schweigen das Schweigen des ewigen Lebens, und ich weiß, dass ich bin. Mein Herz hat sich meinem Vater im Echo der Äonen zugewandt.

Mein Leben ist horchen. Sein Leben ist sprechen. Horchen und antworten: Das ist mein Heil. Also muss mein Leben schweigen sein. Somit ist mein Schweigen mein Heil.

„Im Innern dieser neuen Liebe stirb.
Dein Weg beginnt auf der anderen Seite.
Werde der Himmel.
Richte die Axt wider die Gefängniswand. Entkomme.
Tritt ins Freie, wie jemand,
der plötzlich in Farbe geboren wird.
Tue es jetzt. Du bist von dichten Wolken eingehüllt.
Stehle dich seitlich hinaus. Stirb und sei still.
Stille ist das sicherste Zeichen, dass du gestorben bist.
Dein altes Leben war eine fieberhafte Flucht vor der Stille.
Der sprachlose Vollmond kommt eben jetzt hervor."
Rumi

~ Fridolin Stier
Mysterium

Über die Namen der Dinge hinaus,
über die Sprache hinaus,
über die Wissenschaft hinaus,
über die Begriffe hinaus –
in die Fremde,
wie Abraham, dem geheißen war: „Zieh fort aus deiner Heimat, fort aus deiner Stadt, fort aus dem Haus deines Vaters, fort …, und geh in das Land, das ich dich schauen lassen will …"
Geh, verlass die Heimat, die Welt, darin du geboren bist, darin du dich eingerichtet hast – das Haus voll von den Namen der Dinge, die um dich sind, lass alles, was dir die Sprache über sie vorspricht, lass auch alles, was dir die Wissenschaft über sie

zu wissen gibt, lass auch die Begriffe, mit denen du nach den Dingen greifst – lass dieses Haus hinter dir, geh! Dann wirst du, vielleicht wirst du dann dem Anderen begegnen, für das du weder Namen noch Wissen noch Begriffe hast, dem ur- und ingründig Wirklichen und Wirkenden begegnen. Du wirst „schauen" ...

Und wenn du dann in das Land Chaldäa, in das Haus deines Vaters und deiner Mutter und deiner Brüder zurückkehrst, du wirst zurückkehren,

dann werden dich die Namen an das Namenlose,

die Sprache an das Unaussprechliche,

das Wissen an das Unwissbare,

die Begriffe an das Unbegreifliche erinnern,

dann wird noch ein anderes in deinem Hause wohnen – das Andere, das Fremde, das – Mysterium.

Dann ist kein Ding mehr, was es dir zuvor gewesen, ein jedes, eins um das andere, wird dir einen Namen sagen, den du nicht nachsprechen kannst.

Und dann wird dir, vielleicht wird dir dann aus allem und jedem, das um dich ist, das Unnennbare erscheinen,

und du wirst jene Stimme hören, die du noch nie gehört, sehr nah und gewaltig wirst du sie rufen hören:

Ich bin da!

Die Sehnsucht betet auch im Schweigen

~ Augustinus
Inneres Rufen

Das Gebet ist ein Rufen des Herzens, nicht etwa der Stimme oder der Lippen. Im Innern ertönt es – Gott hört es.
Durch Glaube, Hoffnung, Liebe beten wir in immerwährender Sehnsucht. Zu gewissen Zeiten und Stunden aber beten wir auch in Worten, auf dass unsere Sehnsucht umso kräftiger sei. Da sollen wir das Gemüt von anderen Sorgen und Geschäften, die die Sehnsucht nach dem Himmlischen, wenn ich so sagen soll, erkühlten, zu dem einen Geschäfte des Gebets zurücklenken. Die Worte des Gebets sollen uns aufwecken, dass wir uns das Ziel unseres Strebens vor Augen halten; sonst könnte gar erkalten, was schon lau zu werden angefangen, und könnte vollends erlöschen, was wir öfter hätten anfachen sollen.
Es ist somit keineswegs tadelnswert oder nutzlos, wenn man selbst viel Zeit auf das Gebet verwendet, sofern nicht andere pflichtmäßige Arbeiten dabei zu kurz kommen – obschon man auch bei der Arbeit „allzeit beten" soll; durch inniges Verlangen nach dem ewigen Leben.
Es heißt ja nicht „viele Worte machen", wie manche meinen, wenn man etwas länger betet. Etwas anderes ist viele Worte machen, etwas anderes ist stete Andacht. Vom Herrn selbst

steht geschrieben, dass Er des Nachts im Gebet zugebracht und mit besonderer Innigkeit gebetet habe.
Freilich, so viel reden im Gebet heißt das Notwendige überflüssig erörtern; viel beten aber heißt durch anhaltend frommes Gemüt anklopfen bei dem, zu dem wir beten. Dies geschieht mehr mit Seufzen als mit Reden, mehr mit Tränen als mit Worten.

Der Herr will nicht, dass wir beim Gebet viele Worte machen: „Euer Vater weiß schon, wessen ihr bedürft" (Matthäus 6,8); Er will dein Gebet nur, um auf dein Verlangen hin zu geben, was Er gibt, auf dass es dir nicht gleichgültig sei. Das Verlangen ist Ihm wohlgefällig. Je inniger die Sehnsucht, desto reichlicher die Erfüllung.
Von den Brüdern in Ägypten (d. i. den Mönchen) heißt es, sie beteten zwar häufig, aber immer kurz, gleichsam in raschen Pfeilen, damit der Bogen des Gemütes durch langes Anziehen nicht erschlaffe. Sie zeigen uns dadurch, dass man die Andacht des Herzens ebenso wenig ausleiern soll, wenn sie nicht dauern kann, als man sie jählings abbrechen soll, so lange sie dauert. Ferne sei vom Gebet das Plappern, aber es fehle nicht an häufigen Bitten, wenn die Glut der Andacht fortwirkt! ¶ *Bete also so kurz und so vollkommen wie möglich!* ¶
Die Sehnsucht betet stets, auch wenn die Zunge schweigt. Hast du immer Verlangen, so betest du immer. Bleibt in dir die Liebe, so betest du immer, hast immer Sehnsucht. Wie viele rufen mit ihrer Stimme, sind aber stumm im Herzen – aber auch, wie viele schweigen mit den Lippen, rufen hingegen in heiliger

Andacht, und Gott hört sie. Viel Liebe, nicht viele Worte, wenn du betest!
Güte, Liebe, frommer Sinn, Herzensunschuld, Bescheidenheit, Selbstbeherrschung – sind Dinge, die du immer haben musst: im öffentlichen Leben, in der Stille, unter Menschen wie für dich zu Hause, im Gespräch, im Schweigen, in der Arbeit, in der Ruhe: immer musst du solches bewahren – und alles dies ist innen.
Ein Lobgesang ist dein Gebet – aber verdirb nicht den Gesang durch schlechtes Leben! „Singet dem Herrn", singet ihm ein „Neues Lied" (Psalm 149,1) – aber dem Bekenntnis der Zunge widerspreche nicht das Leben! Singet mit dem Herzen, singet mit dem Munde, singet auch mit den Sitten! Ihr sollt auch selbst sein, was ihr singt: Ihr selbst seid Gottes Lob, indem ihr heilig lebt.

¶ *Die Sehnsucht betet stets, auch wenn die Zunge schweigt.* *Augustinus* ¶

Jean-Pierre de Caussade
Das Herzensgebet

Menschen des Gebetes können in dieser Weise des Betens mit der Zeit eine solche Übung gewinnen und eine solche Leichtigkeit des Vollzugs, dass sie nicht nur in Abständen und während kurzer Augenblicke zu Gott in der reinen Sprache des Herzens sprechen, sondern sehr oft, fast während der gesamten Gebetszeit. Ein Wort der Heiligen Schrift, ein Aspekt eines der

Glaubensmysterien, ein Hinweis auf Gott oder Jesus Christus ist genug, um sie in innere Bewegung zu versetzen und das Herz eine halbe Stunde lang, manchmal eine Stunde lang mit diesem reinen Herzensgebet zu besetzen.

Eine Hilfe zur besseren Entfaltung dieser Weise des Betens sind die Hinweise der Autoren, die davon sprechen, und die verschiedenen Namen, die sie ihm geben. Letztlich drücken sie alle ein und dasselbe aus: Sie sprechen von einem Gebet, das nur im Herzen geschieht.

Einige nennen es Gebete der Ruhe in Gott. Damit ist keineswegs geistlicher Müßiggang und Untätigsein gemeint, wie einige Leute meinen, denn der Geist und das Herz ruhen nicht so wie unser Körper, wenn er aufhört, tätig zu sein; im Gegenteil: Geist und Herz ruhen, indem sie ihre Tätigkeit fortführen, aber in einer gelassenen Weise, die unsere Seele entzückt. So lässt z. B. ein Habgieriger seinen Geist und sein Herz, d. h. seine Gedanken und sein Streben in seinem Hab und Gut ausruhen; ähnlich ruht ein Liebender in dem, was er liebt – aber deswegen hört er keineswegs auf, tätig zu sein. Der Habgierige und der Liebende sind in keiner Weise untätig, sondern vielmehr sehr beschäftigt in diesem Ruhen des Geistes und des Herzens: Sie halten freiwillig ihre Gedanken und ihr Verlangen fixiert auf den Gegenstand ihres Strebens, sie kommen darin wie in ihrem Mittelpunkt zur Ruhe; das nennt Paulus Götzendienst des Herzens (vgl. Philipper 3,19). Ähnlich verhält es sich, wenn eine Seele gewohnt ist, durch die Meditation, die Lesung, das Gebet und andere Übungen an Gott zu denken, sich damit innerlich zu beschäftigen: Ist es verwunderlich, dass sie zur Zeit des Betens durch alles, was darin die Erinnerung an frühere Erfahrungen wachruft, mit all ihren Gedanken und Affekten dort festgehalten und fixiert werden, wo ihr Schatz ist (vgl. Matthäus 6,21), da, wo sie schon ihr Herz gelassen hat? Das ist die wahre Ruhe in Gott, während der man anbetet und liebt im Geist und in der Wahrheit (vgl. Johannes 4,23) – nicht durch viele einzelne Akte, sondern durch das einfache Verweilen, durch die Fortführung des einen reinen Herzensaktes im Grund des Herzens, weiterbestehend und fortgeführt, solange die göttliche Ruhe währt.

Andere nennen dieses Beten Gebet der Stille, wie der hl. Augustinus sagte: „Meine Seele schweige, um Gott zu hören und ihn zu bewundern." Wenn diese tiefe innere Stille aus Ehrfurcht und Bewunderung kommt oder davon abgeleitet ist, ähnlich wie es immer in der Gegenwart der Großen dieser Welt geschieht, dann – so sagen diese Autoren – geschieht nicht nur ein wahres Gebet, sondern die höchste Huldigung vor Gott, denn was vermag die Asche, der Staub, ein Erdenwurm einem Gott zu sagen? Selbst die Großen dieser Welt haben gewöhnlich Gefallen daran, durch ehrfürchtiges Schweigen geehrt zu werden. Das ist zumeist die beste Weise, ihnen den Hof zu machen, das schmeichelt ihnen am meisten.
Aus diesen Überlegungen ergibt sich als erste Folgerung, dass wir in unseren Meditationen, Lesungen und mündlichen Gebeten gegenüber einem äußeren Vielerlei das Entscheidende betonen sollten, an das die Menschen selten denken: die Aufmerksamkeit des Herzens.

~ Teresa von Avila
Gebet der Ruhe

Man verspürt im Innern der Seele eine so liebliche Sanftheit, dass man daran die Einwohnung des Herrn erkennt. Es ist mehr als jene bekannte Andacht, bei der uns die Passion des Herrn oder unsere Sünden zu Tränen bewegen, so wohltuend diese Tränen auch sind. Ich nenne es Gebet der Ruhe, weil es den ganzen äußeren und inneren Menschen in Ruhe und stillen Frieden versenkt. Und er fühlt sich davon innerlich und äußerlich so gestärkt, als habe man ihm ein duftendes Öl ins innerste Mark gegossen. Es ist, als seien wir plötzlich an einen Ort versetzt, der allenthalben einen solchen Wohlgeruch ausströmt, dass dieser uns ganz durchringt, ohne dass wir zu sagen vermögen, woher er kommt.
So dringt bei diesem Gebet die Liebe Gottes lieblich in uns ein. Die Braut – die Seele – möchte dann weder sprechen noch etwas sehen noch sich bewegen, damit der Geliebte bei ihr bleibe, denn ganz deutlich spürt sie seine Gegenwart. Zwar kann sie ihn nicht erblicken, doch teilt er ihr große Wahrheiten mit. In seinem Lichte, das sie nicht versteht, erkennt sie die Eitelkeit der Welt. Sie wird so gut gestärkt und unterwiesen, dass sie sich hinterher nicht wiedererkennt und nichts anderes mehr tun möchte, als den Herrn zu preisen. Aber während sie die Erfahrung des Gebets der Ruhe macht, ist sie so abwesend und versunken, als sei sie nicht mehr bei sich in einer Art Trunkenheit, in der sie nichts von dem weiß, was sie wünscht, sagt oder bittet. Dennoch ist sie nicht so außer sich, dass sie nicht wahrnähme, wie ihr geschieht.

Ich möchte dem, was ich über das Gebet der Ruhe sagte, noch Folgendes hinzufügen: Wenn die Seele ganz in Ruhe versenkt ist, kann der Verstand so unruhig werden, als geschehe das alles nicht im eigenen Hause. Er fühlt sich als Gast, als Fremdling, und geht sogar auf die Suche nach weiteren Unterkünften, denn es gefällt ihm nicht, still sein zu müssen. Ich berichte das von mir, die ich manchmal gern gestorben wäre, weil ich mir nicht mehr zu helfen wusste. Es muss aber nicht jedem so ergehen. Es kann auch sein, dass der Verstand zu Hause bleibt, weil er die Voluntas (den Willen) bei sich hat und mit ihr übereinstimmt, dass es eine Pracht ist! Die beiden sind dann wie ein glücklich verheiratetes Paar, das sich liebt, sodass der eine wünscht, was die andere möchte.

Noch ein weiteres Gleichnis möchte ich euch geben. Der Herr schenkte es mir im Gebet, und es gefällt mir sehr: Im Gebet der Ruhe ist die Seele wie ein Säugling, dem seine Mutter eine Freude machen möchte, indem sie ihm die Milch in den Mund träufelt, sodass er sich gar nicht anstrengen muss. So dringt auch der Herr ohne Verstandesbemühen in die Seele. Sie soll nur seine Anwesenheit erfassen, die Milch schlucken, die er ihr einflößt, und wissen, dass er sie schenkt aus lauter Liebe.

Man suche möglichst tiefe Einsamkeit, um dem Herrn Raum zu geben und seine Majestät walten zu lassen wie in ihrem Eigentum. Sonst nur ein Wort von Zeit zu Zeit, wie jemand, der eine Kerze, die zu erlöschen droht, leicht anbläst, damit sie wieder aufflamme. Aber wenn sie wieder voll brennt, würde das Blasen sie nur auslöschen, wie mir scheint. Ich betone, dass sehr sanft geblasen werden muss, denn der Wille (die Liebe) verträgt es nicht, wenn der Verstand wortreich mit ihr in Wettstreit tritt. Sieht sich der Wille in dieser Ruhe, so kümmere er sich um den Verstand nicht mehr als um einen Narren, denn wenn er ihn nachziehen wollte, würde dieser ihn zwangsläufig beschäftigen und beunruhigen. Dann wäre das Gebet eine einzige Anstrengung, wobei der Wille nichts gewinnen, sondern auch das verlieren würde, was er ohne Gegenleistung vom Herrn erhält.

¶ *Besser ist es, wenn man lernt, die Seelenvermögen in Stille und Schweigen zu versetzen, damit Gott spreche.* Johannes vom Kreuz ¶

~ Erika Lorenz
Inneres Schweigen

Innere Ruhe bedeutet: inneres Schweigen, so wie auch Teresa von Avila das Gebet, in dem der Wille Gottes übergeben ist und die Gedanken zum Schweigen kommen, das „Gebet der Ruhe" nennt. Es ist das eigentliche Scharnier, die Türangel, die den Eintritt in das kontemplative Lebens- und Gebetsstadium ermöglicht.
Bei Johannes vom Kreuz dreht sich, das zeigen auch seine Briefe geistlicher Führung, alles um diesen Punkt. Er weiß ihn klar zu begründen: Gott will die Führung übernehmen. Um ihn nicht durch unsere falsch gebrauchte Freiheit daran zu hindern, muss jetzt eine gleichsam passive Haltung eingenommen werden.

Das bedeutet aber nicht ein Alles-laufen-Lassen, eine Gleichgültigkeit gegenüber der Eigenverantwortung, wie etwa in extremen Entwicklungen quietistischer Sekten, sondern ein Aufmerken auf Gottes Gegenwart, ein Hingegebensein an seinen Willen, der nun in den menschlichen Kräften wirkt.

Somit ist der Mensch aktiv, aber mit Gott. Der Kontemplative stellt weder das Reden noch das Denken ein (außer in den übenden Stunden des Gebets), aber er spricht „in Gott", er denkt „mit Gott" – ja, alle seine Fähigkeiten, nach alter Psychologie Verstand, Wille und Gedächtnis, wollen nicht mehr eigensüchtig wirken, sondern in und mit und für Gott. Darum sagt Johannes von allen diesen Vermögen, dass sie „schweigen", nämlich sich Gott überlassen. Sie können das freilich nur aufgrund vorangegangener und fortdauernder Läuterungsprozesse, die Johannes vom Kreuz wegen ihrer Dunkelheit auch „Nächte" nennt. Nacht bezeichnet ein Nichtsehen, Schweigen ein Nichtsprechen, die Parallele ist deutlich, wenn auch Johannes das Nachtsymbol wegen seiner Poesie und Dramatik bevorzugt. Aber es ist ganz klar, wie sehr das Schweigen bei ihm den ganzen Menschen meint, den alten Adam, möchte ich fast sagen:

„Besser ist es, wenn man lernt, die Seelenvermögen in Stille und Schweigen zu versetzen, damit Gott spreche." Denn „unser natürliches Können springt zu kurz, wenn es um Gottes übernatürliche Mitteilungen geht, die er geheim und jenseits von aller Aktivität der Seele im Schweigen einflößt. – Darum müssen auch alle Vermögen schweigen und sich passiv halten, um die Gnade zu empfangen. Ihr niederes Tun und ihre gewöhnlichen Neigungen haben hier nichts zu suchen." Ja, das „Wissen" des geläuterten Geistes ist „an sich göttliches Schweigen".

Johannes vom Kreuz geht von zwei Voraussetzungen aus, die er teils den von ihm bevorzugten neuplatonischen Kirchenvätern entnimmt, teils der eigenen Erfahrung: Man kann sich Gott nur verbinden, wenn man ganz rein ist, und diese Reinheit meint nicht nur Freisein von Sünde – das versteht sich in dieser Phase des Weges von selbst –, sondern auch Verzicht auf jeglichen Besitz, wie Jesus es vom „reichen Jüngling" verlangte (vgl. Matthäus 19,20–22). Vor allem denkt Johannes an die Bergpredigt mit ihrer Seligpreisung der Armut. Denn für Johannes sind Armut, „Nacktheit", die er vor allem geistig versteht, Zeichen seiner Liebe, Garanten der wahren und ersehnten Christusnachfolge, die am Kreuze gipfelt. Darum auch das alles umfassende Schweigen der Passion als Schweigen erlösender Liebe. Diese in langen „Nächten" mit Gottes Hilfe erlangte Haltung hat dann jedoch wie das der Auferstehung vorangehende Kreuz die positivste Wirkung: Gott kann gar nicht anders, so sieht es Johannes, als in eine geläuterte „geleerte" und freie Seele „einzuströmen"!
So wie ja auch die Sonne nicht anders kann, als ihre Strahlen dorthin zu senken, wo sich ihnen kein Hindernis bietet. Darum schreibt Johannes vom Kreuz: „So tritt auch Gott in die geleerte Seele ein und erfüllt sie mit seinen göttlichen Gaben", denn „Gott steht wie eine Sonne über den Seelen, um sich ihnen mitzuteilen".

¶ *Der Sinn des Gebetes kann in dem Satz zusammengefasst werden: „Werde, was du bist."* Kallistos Ware ¶

~ Kallistos Ware
Werde, was du bist

„Wenn du betest", hat ein orthodoxer Schriftsteller aus Finnland richtig bemerkt, „musst du selbst ruhig sein ... Du selbst musst ruhig sein: Lass das Gebet sprechen."
Ganz in Schweigen sein: Das ist das Schwerste von allem und das Entscheidende in der Kunst des Betens. Schweigen ist nicht nur etwas Negatives – eine Pause zwischen Worten, eine zeitweise Unterbrechung des Redens, sondern ist, recht verstanden, etwas äußerst Positives: eine Haltung aufmerksamer Bereitschaft, Wachsamkeit und vor allem des Hinhörens. Der Hesychast, derjenige, dem es gelungen ist, die hesychia, das inwendige Stillsein oder Schweigen, zu erlangen, ist einfachhin jemand, der hört. Er lauscht der Stimme des Gebetes in seinem eigenen Herzen und erkennt, dass diese Stimme nicht seine eigene ist, sondern die eines anderen, der in ihm spricht.

Die Verbindung zwischen beten und schweigen wird sich deutlicher zeigen, wenn wir vier kurze Definitionen bedenken. Die erste ist dem „Concise Oxford Dictionary" entnommen: Sie beschreibt das Gebet als „feierliches Flehen zu Gott ... Gebetsformeln, die man beim Gebet benützt". Das Gebet stellt man sich hier als etwas vor, das in Worten ausgedrückt wird, genauer: als einen Akt, in dem man Gott bittet, er möge uns diese oder jene Gunst gewähren. Wir befinden uns hier noch auf der Ebene eines eher äußeren als inneren Betens. Wenige von uns können sich mit so einer Definition zufriedengeben.

Unsere zweite Definition stammt von einem russischen Starez des vorigen Jahrhunderts und ist weit weniger äußerlich. „Die Grundlage des Gebetes", sagt Bischof Theophan, der Klausner (1815–1894), „ist: vor Gott zu stehen mit dem Geist im Herzen und immerfort, Tag und Nacht, ununterbrochen ihm gegenüberzustehen bis zum Lebensende." Diese Definition des Gebetes beinhaltet nicht mehr lediglich ein Bitten um Dinge, und solches Beten kann tatsächlich geschehen, ohne dass dabei ein einziges Wort gebraucht wird. Es ist nicht so sehr eine augenblickliche Tätigkeit als ein fortwährender Zustand. Beten ist „Stehen vor Gott". Eintreten in eine unmittelbare und persönliche Verbundenheit mit ihm. Dabei nehmen wir wahr – in jeder Schicht unseres Wesens, von der instinktiven bis zur intellektuellen, vom Unterbewussten bis zum Überbewussten –, dass wir in Gott sind und er in uns ist.

Um unsere Vertrautheit mit anderen Menschen zu bestärken und zu vertiefen, ist es nicht nötig, ständig Forderungen zu stellen oder Worte zu gebrauchen: Je mehr wir einander kennen und lieben, desto weniger sind wir darauf angewiesen, unser gegenseitiges Empfinden in Worten auszudrücken. Ebenso ist es mit unserer persönlichen Beziehung zu Gott. Bei diesen ersten beiden Definitionen liegt die Betonung primär auf dem Handeln des Menschen und nicht auf dem, was von Gott her geschieht. Aber in der persönlichen Vertrautheit des Gebetes ist es der göttliche Partner und nicht der menschliche, der die Initiative ergreift und dessen Handeln die Grundlage bildet. Dies wird in unserer dritten Definition deutlich, die vom hl. Gregor vom Sinai (gest. 1346) stammt. In einem sorgfältig ausgearbeiteten Abschnitt, in dem er bei dem Bemühen, die wahre Wirklichkeit inneren Betens zu beschreiben, eine erläuternde Ergänzung auf die andere häuft, endet er plötzlich ganz einfach und unerwartet: „Warum so lange reden? Beten ist Gott, der alles in allen wirkt.“ ¶ *Beten ist Gott – es ist nicht etwas, das von mir ausgeht, sondern etwas, an dem ich teilhabe; es ist nicht in erster Linie etwas, das ich tue, sondern es ist Gott, der in mir handelt.* ¶ Der hl. Paulus sagt: „Nicht ich lebe, sondern Christus lebt in mir“ (Galater 2,20).

Unsere vierte Definition, die noch einmal dem hl. Gregor vom Sinai entnommen ist, bestimmt dieses Handeln des Herrn in uns näher: „Beten“, sagt er, „ist die Offenbarung der Taufe.“ Das Handeln des Herrn ist natürlich nicht nur auf den Getauften beschränkt; Gott ist in allen Menschen gegenwärtig und am Werk aufgrund der Tatsache, dass jeder nach seinem göttlichen Bild und Gleichnis geschaffen ist. Aber dieses Bild wurde durch den Sündenfall des Menschen verdunkelt und getrübt, wenn auch nicht völlig ausgelöscht. Durch das Sakrament der Taufe ist es zu seiner ersten Schönheit und Herrlichkeit erneuert worden: In diesem Sakrament kamen Christus und der Heilige Geist, um Wohnung zu nehmen „in der innersten und verborgenen Kammer des Herzens", wie die Väter sagen.

¶ *Mein Leben ist horchen. Sein Leben ist sprechen. Horchen und antworten: Das ist mein Heil. Also muss mein Leben schweigen sein. Somit ist mein Schweigen mein Heil.* Thomas Merton ¶

Wahres Beten bedeutet dann das Wiederentdecken und Offenbarwerden dieser Taufgnade. Beten ist der Übergang von dem Zustand, bei dem die Gnade in unseren Herzen verborgen und unbewusst gegenwärtig ist, zu dem Punkt völliger innerer Erkenntnis und bewussten Gewahrwerdens, wobei wir das Wirken des Heiligen Geistes direkt und unmittelbar erfahren und erspüren. In den Worten des hl. Kallistos und des hl. Ignatios Xanthopoulos (14. Jh.): „Das Ziel christlichen Lebens ist es, umzukehren zur vollendeten Gnade des heiligen und lebenspendenden Geistes, die uns am Anfang in der göttlichen Taufe verliehen wurde."

„An meinem Anfang steht mein Ende" (T. S. Eliot). Der Sinn des Gebetes kann in dem Satz zusammengefasst werden: „Werde, was du bist." Werden, bewusst und aktiv, was du dem Vermögen nach und auf verborgene Weise schon bist, aufgrund deiner Erschaffung nach dem Bilde Gottes und deiner Wiedererschaffung in der Taufe. Werde, was du bist: genauer: Kehre um zu dir selbst; entdecke ihn, der dir schon gehört; höre auf ihn, der nicht davon ablässt, in dir zu sprechen; besitze ihn, der dich schon jetzt besitzt. ¶ *Das ist Gottes Botschaft für jeden, der beten will: „Du würdest mich nicht suchen, wenn du mich nicht schon gefunden hättest."* ¶

~ Mutter Teresa
Gott ist ein Freund der Stille

Am Anfang des Gebets steht die Stille.
Wenn wir wirklich beten möchten, müssen wir zunächst zuhören lernen, denn Gott spricht in der Stille des Herzens. Und um diese Stille sehen, um Gott hören zu können, benötigen wir ein lauteres Herz; denn mit einem lauteren Herzen können wir Gott schauen, Gott hören, Gott zuhören; und erst dann, aus der Fülle des Herzens, können wir zu Gott sprechen. Aber wir können erst sprechen, wenn wir vorher hingehört haben, wenn wir in der Stille unseres Herzens diese Verbindung mit Gott geknüpft haben.
Gebet soll nicht zur Qual werden, soll uns nicht Unbehagen bereiten, soll uns nicht bedrücken. Es ist etwas, worauf man sich freuen kann: zu meinem Vater sprechen, zu Jesus sprechen, zu dem ich gehöre mit Leib und Seele, Herz und Sinn.
Deshalb wollen wir die Stille der Gedanken, der Augen und der Zunge ein wenig näher betrachten. Die Stille der Gedanken und des Herzens: Maria „bewegte all diese Dinge in ihrem Herzen". Diese Stille brachte sie unserem Herrn so nahe, dass sie nie etwas zu bereuen hatte. Was tat sie, als Josef verwirrt war? Ein einziges Wort aus ihrem Mund hätte ihm Einsicht geschenkt; sie sagte es nicht, und Gott selbst vollbrachte das Wunder, ihre Unschuld zu erweisen. Könnten doch auch wir so tief davon

überzeugt sein, dass es Not tut zu schweigen! Dann, meine ich, wird sich ein ganz klarer Weg zu einer engen Gemeinschaft mit Gott auftun.
Ferner haben wir die Stille der Augen, die uns stets hilft, Gott zu schauen. Unsere Augen sind wie zwei Fenster, durch die Christus oder die Welt in unser Herz kommen. Oft brauchen wir viel Mut, sie geschlossen zu halten. Wie oft sagen wir: „Hätte ich doch dies oder jenes nicht gesehen!", und dennoch geben wir uns so wenig Mühe, die Begierde, alles sehen zu wollen, zu meistern.
Die Stille der Zunge lehrt uns gar viel: zu Christus sprechen, in Gemeinschaft anderer fröhlich sein und vieles zu sagen haben. Christus spricht zu uns durch andere Menschen, und bei der Meditation spricht er unmittelbar zu uns.

¶ *Gott ist ein Freund der Stille.* ¶ Wir müssen Gott finden, und er kann nicht in Lärm und Unrast gefunden werden. Seht, wie die Natur, die Bäume, die Blumen und das Gras in lautloser Stille wachsen – seht, wie die Sterne, der Mond und die Sonne still weiterziehen. Je mehr wir im stillen Gebet empfangen desto mehr können wir im tätigen Leben geben.
Durch die Stille können wir alles mit neuen Augen sehen. Wir brauchen die Stille, um an die Seelen der Menschen rühren zu können. Es kommt nicht darauf an, was wir sagen, sondern was Gott zu uns und durch uns sagt.
Jesus wartet stets in der Stille auf uns. In dieser Stille hört er uns an, hier spricht er zu unserer Seele, hier vernehmen wir seine

Stimme. In der Stille finden wir neue Kraft und wahre Einheit. Die Kraft Gottes wird uns geschenkt, damit wir allen Aufgaben gewachsen sind. In der Einheit unserer Gedanken mit seinen Gedanken, in der Einheit unserer Gebete mit seinen Gebeten, in der Einheit unserer Taten mit seinen Taten, unseres Lebens mit seinem Leben.

Einklang finden mit mir selbst

Karl Rahner
Stille aushalten

Halte es einmal eine Weile mit dir allein aus. Vielleicht hast du doch ein Zimmer, wo du allein sein kannst. Oder du kennst einen einsamen Weg oder eine stille Kirche. Rede dann nicht, auch nicht mit dir selbst noch mit den anderen, mit denen wir disputieren und uns zanken, auch wenn sie nicht da sind. Warte. Horche. Du darfst solche Stille nicht halten, um nachher darüber reden zu können. Du musst in sie so hinein, dass du insofern nie mehr aus ihr zurückzukehren entschlossen bist, als du den Ruf in diese Stille, in die schweigende Unendlichkeit hinein wirklich zu deinem letzten Wort machst, das in sich steht, das für nichts anderes da ist, das niemand zu hören braucht als der, dem es wirklich gilt. Also: Halte an, schweige, warte. Schiele nicht nach einem seltsam mystischen Erlebnis. Es soll nichts in diesem Schweigen hervorkommen als die lautere Nüchternheit der Wahrheit: das Reine und Stille. Sage dich nicht aus. Du sollst dich ja annehmen (das ist ja schon fast mehr als nur ein Präludium für den süßen Gesang der Engel), du sollst nicht anklagend dich ausleeren, auch nicht zu unbekümmert dich herausjubeln, auch nicht dich selbstzufrieden wie kleinbürgerlich genießen (dann hättest du weder etwas von den Himmeln noch von den Abgründen deines Daseins gemerkt). Du sollst schweigend dich auf dich zukommen lassen, die Vergangenheit, Gegenwart und Zukunft in diesem Augenblick des Schweigens, alle Wasser deines Lebens, die sich verlaufen und verrinnen, in der einen Schale des sich gegenwärtigen Herzens sammeln. Vielleicht wird dir dann recht entsetzlich zumute. Vielleicht steigen die bitteren Wasser des Ekels, der Hohlheit, der Leere, der Langeweile aus den Tiefen an das obere Land deines Herzens. Vielleicht merkst du, wie fern dir doch – ehrlich eingestanden – alle die sind, mit denen du täglich umgehst und von denen deine offizielle Lesart geht, dass man in Liebe verbunden sei. Vielleicht findest du in dir nichts als Ohnmacht, Erbärmlichkeit und andere Dinge, vor denen du in den Alltag davonlaufen möchtest, in den Alltag, der dir in solcher Erfahrung die einzig erreichbare Seligkeit zu sein scheint (man nennt sie dann Arbeit, Pflicht, Vernünftigkeit, illusionsfreie Nüchternheit und ähnlich). Vielleicht nimmst du nichts wahr als ein unheimliches Gefühl der Leere und Erstorbenheit.

Halte dich aus! Du wirst erfahren, wie alles, was sich bei solcher Stille meldet, wie umfasst ist von einer namenlosen Ferne, wie durchweht ist von etwas, was wie Leere scheint. Es ist nicht etwas, was man verscheuchen könnte. Es blickt durch alles hindurch, es fasst alles ein, man kann es gewaltsam und geschreckt übersehen wollen, aber man bringt es nicht weg. Es würde noch die umfassende, ferne und doch alles durchdringende Leere scheinen, wenn wir das Herz mit Greifbarem, mit „Realitäten" möglichst voll stopfen würden, wenn wir versuchten, mit solchen „Realitäten" (im Unterschied zu dem gespenstigen Geheimnisvollen, das wir meinen) alle Horizonte zu verstellen, damit der Blick ins Leere überall aufgefangen würde. Es ist wie eine Stille, deren Schweigen schreit, wie das unheimliche Gefühl, angeblickt zu werden, man weiß nicht woher (und doch aus Augen, die fast wie blind nicht deutbar sind).

¶ *Stille ist das sicherste Zeichen, dass du gestorben bist. Dein altes Leben war eine fieberhafte Flucht vor der Stille.* *Rumi* ¶

~ Anselm Grün
Einklang. Eins werden

Der klassische Weg zur Ruhe ist der der Meditation. Die christliche Meditation, die seit dem 3. Jahrhundert geübt wird, verbindet den Atemrhythmus mit einem Wort. Schon das Achten auf den Atem lenkt das Bewusstsein nach innen und erzeugt Ruhe. Solange wir im Kopf bleiben, sind wir immer unruhig. Denn der Kopf lässt sich nicht so leicht beruhigen. Da schwirren die Gedanken immer hin und her. Im Ausatmen können wir uns vorstellen, wie wir all die Gedanken, die immer wieder hochkommen, einfach abfließen lassen. Wenn wir das eine Zeit lang tun, werden wir innerlich ruhig. Dann können wir den Atem mit einem Wort verbinden. Wir können z. B. beim Einatmen still sagen: „Siehe" und beim Ausatmen: „Ich bin bei dir." Es ist ein Wort, das Gott uns im Propheten Jesaja zusagt. Ich muss mich bei dieser Meditation gar nicht konzentrieren. Ich spreche das Wort in all die Gedanken und Gefühle hinein, die auftauchen. Es darf alles hochkommen. Aber ich grüble nicht nach über die Gedanken, sondern ich halte in sie den Atem und das Wort hinein. Dann wandeln sich die Gedanken und Gefühle. Sie sind nicht mehr so bedrängend. Auch wenn sie immer wieder hochkommen, fühle ich mich mitten in der Gedankenflut ruhig. Ich habe einen Anker – das Wort mit dem Atem verbunden –, der das Schiff meines Herzens inmitten der tosenden Gedankenwelt festhält.

Der andere Weg besteht darin, dass ich die Gedanken gar nicht beachte, sondern dass ich meinen Geist durch das Wort binde und sammle. Und ich lasse meinen Geist an der Leiter des Wortes hinabsinken in den inneren Raum der Stille. Ich lege in das Wort und in den Ausatem meine ganze Sehnsucht nach der „Sabbatruhe Gottes", nach dem inneren Ort der Ruhe. Dann kann es sein, dass mich Wort und Atem für einen Augenblick dorthin tragen, wo es in mir ganz still ist, wo aller Lärm verstummt und das unruhige Herumdenken zur Ruhe kommt. Die Mystiker sind davon überzeugt, dass in uns ein Raum des Schweigens ist, in dem Gott wohnt. Dorthin haben die Gedanken und Gefühle, die Pläne und Überlegungen, die Leidenschaften und die Verletzungen keinen Zutritt. Dort haben auch die Menschen mit ihren Erwartungen und Ansprüchen keinen Zutritt. Es ist ein Raum der Stille. Ich muss ihn gar nicht schaffen. Er ist schon in mir. Aber ich bin oft genug davon abgeschnitten. Die Meditation will mich wieder in Berührung bringen mit diesem inneren Ort. Der Kopf ist vielleicht noch weiter unruhig. Da jagen sich die Gedanken weiter hin und her. Aber tief unten ist es still. Da kann ich mich fallen lassen. Ken Wilber vergleicht die Meditation mit dem Eintauchen in das Meer. Oben ist das Meer unruhig. Da gehen die Wellen und Wogen hin und her. Aber je tiefer wir nach unten tauchen, desto ruhiger wird es. Meditation ist das Eintauchen in die innere Ruhe, die auf dem Grund unseres Herzens in uns verborgen ist. Die Redewendung „zur Ruhe kommen" meint ja, dass die Ruhe schon da ist, dass wir sie nicht erst herstellen müssen. Sie ist in uns als ein Raum, zu dem wir hinkommen dürfen. ¶ *Die Meditation ist der Weg, auf dem wir zum inneren Ort der Ruhe kommen.* ¶

auf dem weg in die eigene mitte

Für Menschen, die den Reichtum der christlichen Tradition entdecken möchten, weil sie an ihrer persönlichen, spirituellen Entwicklung interessiert sind, wollen die folgenden Übungen Orientierungshilfen sein. Durch konkretes Tun sammeln Sie Erfahrungen mit der Lebensweisheit der Klöster, um so einen Weg in die eigene Mitte zu gehen.

Diese Übungen sind schlicht und einfach. Sie ertasten von innen her, wie sich das Leben anfühlt, wenn bewusst Unterbrechungen im Alltag als Freiräume der Begegnung mit sich, mit anderen Menschen, mit Gott eingebaut werden. Sie können im gewohnten Lebensumfeld eine Hilfe im Alltag sein. Sie eignen sich aber auch dazu, Sie während eines Klosteraufenthalts zu begleiten, sei es der Urlaub im Kloster, seien dies Tage des Mitlebens mit einer Ordensgemeinschaft oder ein Bildungs- oder Exerzitienangebot, das Sie dort wahrnehmen möchten.

Spiritualität ist etwas für den ganzen Menschen und für den Alltag. Deshalb sind die Übungen eingeteilt in die vier Kapitel: Körper-Sein, Ich-Sein, Mensch-Sein mit anderen Menschen und Mit-Gott-Sein. Diese vier Aspekte des Lebens gehören zusammen. Sie lassen sich nicht isoliert voneinander verstehen und erst recht nicht isoliert voneinander als unabhängige Bereiche abhandeln. Sie sind an jenen vier Segmenten orientiert, die die Weltgesundheitsorganisation WHO als Elemente einer

ganzheitlich verstanden Gesundheit definierte: „Gesundheit ist der Zustand vollständigen körperlichen, seelischen, geistigen und sozialen Wohlbefindens."
Die Übungen laden Sie ein, sich das aus jedem Kapitel herauszusuchen, was Ihnen in Ihrer individuellen Situation *jetzt* guttun würde. Dabei meint *guttun* kein oberflächliches Wellnessprogramm. *Guttun* soll und darf auch heißen: das, was mich herausfordert; das, was mich in meiner Selbstzufriedenheit stört; das, was mich aufmerksam macht auf nicht gelebte oder nicht geliebte Anteile meiner Leiblichkeit, meiner Biografie, meiner Einstellungen und Überzeugungen, meiner geistlichen Haltungen, meiner Beziehungen.
Dabei haben die Übungen grundsätzlich den Ansatz, den Menschen als Geschöpf zu sehen, als Teil der ganzen Schöpfung, die jeden und jede eingliedert und verwurzelt in das Werden, Blühen, Reifen und Vergehen allen Geschaffenseins und die aber zugleich jeden und jede als ein geistbegabtes Wesen sieht.

Die Sehnsüchte der Menschen von heute dürfen nicht in die Irre laufen, nicht zugestopft werden mit Ersatzbefriedigungen, unkreativen Ablenkungen, banalem Vergnügen. Die Tauglichkeit lebensfördernder Klosterregeln hat sich durch Jahrhunderte erwiesen. Sie sollen sich nicht als Sonderwissen hinter Klostermauern verstecken, sondern dazu beitragen, dass Sie in Ihrem Alltag bewusst, geist- und weisheitserfüllt, das heißt, spirituell und damit besser leben können.

Übungen

Haltungen

Für alle Übungen ist es wichtig, dass Sie sich einen stillen Platz suchen und ungestört Zeit haben. Schalten Sie Ihr Handy aus, den Anrufbeantworter ein, sperren Sie den Straßenlärm aus und ignorieren Sie Ihre Haustürklingel.

Für die Übungen, die Sie im Sitzen durchführen, suchen Sie sich eine komfortable, nicht zu bequeme Sitzmöglichkeit, auf der Sie aufrecht, entspannt und unverkrampft für einige Zeit sitzen können. Beim Sitzen suchen Sie guten Kontakt zur Sitzfläche; bewegen Sie Ihre Oberschenkel so lange, bis sie gut aufliegen.

Ihre Hände ruhen entspannt auf den Oberschenkeln. Suchen Sie eine Position, die Ihnen guttut: Handflächen nach oben, auf den Oberschenkeln ruhend, oder nach unten gewendet, ineinander gelegt.

Für die Übungen im Stehen: Stellen Sie die Füße in Hüftbreite auf den Boden, möglichst ohne Schuhe. Achten Sie darauf, dass Ihre Füße warm sind.

Spüren Sie Ihrem Kreuzbein nach, vermeiden Sie ein Hohlkreuz. Ihre Wirbelsäule ist aufgerichtet, der Kopf ruht sicher und beweglich auf Ihrer Wirbelsäule.

Stellen Sie sich vor, am höchsten Punkt Ihres Scheitels wäre ein Seidenfaden befestigt, mit dem Sie behutsam nach oben gezogen werden. Folgen Sie dieser Bewegung, ohne die Schultern hochzuziehen. Ihre Schultern fallen leicht nach hinten, ohne

dass an Ihrem Brustbein ein Zug zu spüren ist. Bewegen Sie das Kinn leicht zum Boden hin.
Lenken Sie Ihre Aufmerksamkeit auf Ihr Kreuzbein, wandern Sie mit den Gedanken zum Bauchnabel, dann durch die Bauch- und Brusthöhle. Steigen Sie vom Kreuzbein langsam außen an der Wirbelsäule bis zur höchsten Stelle Ihres Kopfes hinauf.
Wenn Sie gähnen müssen, geben Sie diesem Reflex nach und lassen Sie die Entspannung vom Kopf über die Ober- und Unterarme bis in die Hände fließen, über das Kreuzbein, die Sitzfläche und Ober- und Unterschenkel in die Füße und verbinden Sie sich über die Fußsohlen mit der Erde und über Ihre Haut mit dem Raum um Sie herum. Arbeiten Sie so lange an Ihrer Haltung, ob im Stehen oder Sitzen, bis sie sich gut anfühlt.
Sollten Sie Übungen lieber im Liegen ausführen, suchen Sie einen unverkrampften, guten Bodenkontakt.

Wenn Sie eine Übung erarbeitet und erlebt haben, spüren Sie Ihren Empfindungen langsam und konzentriert nach. Sammeln Sie die angenehmen Empfindungen mit einer bergenden Geste in Ihrem Leib und lassen die unangenehmen in Ihre Umgebung abfließen. Schauen Sie mit Ihren inneren Augen zu, wie unangenehme Empfindungen verschwinden. Sollten sie hartnäckig in Ihrer Nähe bleiben, schicken Sie sie mit einem deutlichen Wort weg.

KÖRPER-SEIN

1. In Stille atmen

Ihr Atem kommt und geht. Einatmen und Ausatmen geschehen ohne Ihr Zutun. Nach dem Ausatmen legt Ihr Körper eine kleine Ruhepause ein, ehe sich ein neues Einatmen anschließt. Folgen Sie diesem Lebenshauch und überlassen Sie sich ihm ohne Anstrengung und ohne Angst. Wenn Sie spüren, dass Sie Ihr Atmen „wiegt", kehren Sie mit Ihrer Aufmerksamkeit in Ihre Körpermitte zurück und geben Sie den Bewegungsimpulsen nach, die Sie jetzt spüren.
Zum Abschluss der Übung stellen Sie sich auf die Füße und beschreiben Sie mit ausgestreckten Armen einen weiten Kreis. Sie geben Ihre Energie an Ihre Umgebung ab und sammeln beim Zusammenlegen der Hände neue Energie ein.

2. In Stille sehen

Suchen Sie eine Körperhaltung, die es Ihnen ermöglicht, für eine Zeit entspannt und aufmerksam in einen Spiegel zu schauen: Betrachten Sie Ihre Ohren, das linke und das rechte. Folgen Sie mit Ihren Blicken ihren äußeren und inneren Konturen. Betrachten Sie die Ohrläppchen, die Wölbungen, den Ansatz am Kopf.
Betrachten Sie Ihre Lippen, die Form, die Farbe, die Falten, die Umgebung.
Bewegen Sie Ihre Lippen mit geschlossenem Mund und beobachten Sie, wie sie sich verändern. Spannen Sie die Lippen an und entspannen Sie sie wieder. Beobachten Sie sich dabei. Schließen Sie die Augen und wiederholen Sie diesen Vorgang.

Achten Sie auf die Empfindungen in Ihrem ganzen Leib.
Formen Sie mit Ihren Lippen Wörter: Ihren eigenen Namen, den Namen von Menschen, die Ihnen nahestehen, oder von jenen, mit denen Sie Probleme haben. Beobachten Sie, wie sich Ihre Lippen verändern. Versuchen Sie, sich vorzustellen, wie diese Namen klingen, wenn Sie sie aussprechen.
Versuchen Sie, sich vorzustellen, Sie wären darauf angewiesen, Menschen die Wörter von den Lippen abzulesen, ohne sie hören zu können.

3. In Stille tasten

Reinigen Sie Ihre Lippen mit einem Öl oder mit klarem Wasser. Öffnen Sie sie leicht. Lassen Sie das Schweigen in Ihre Mundhöhle einströmen und spüren Sie, wie das Schweigen sie erfüllt. Entspannen Sie Ihren Nacken und die Schultern.
Schließen Sie die Augen und ertasten Sie Ihre Lippen mit beiden Händen. Ertasten Sie die Stille Ihrer Lippen. Nun summen Sie und spüren Sie die Vibrationen auf Ihren Lippen. Spüren Sie dem Wechsel von Bewegung und Ruhe nach.
Legen Sie Ihre Fingerspitzen auf Ihren Kehlkopf und ertasten Sie die Stille. Nun summen Sie und erspüren das Geräusch. Erleben Sie Ihren Kehlkopf beim Schweigen und bei der Arbeit. Schließen Sie die Übung mit einer Schweigephase ab.

4. In Stille riechen

Legen Sie sich entspannt auf den Boden, auf die Couch, auf Ihr Bett.
Richten Sie Ihre Aufmerksamkeit auf Ihre Leibmitte. Wenn es Ihnen guttut, legen Sie Ihre Hände auf den Bauch oder auf Ihre

Hüften. Spüren Sie, wie die Stille Ihren Leib erfüllt.
Richten Sie Ihre Aufmerksamkeit nun auf Ihre Nase. Atmen Sie durch die Nase ein und durch den leicht geöffneten Mund wieder aus.
Versuchen Sie, beim Einatmen den Geruch der Stille um sich herum in sich aufzunehmen. Wenn er Ihnen gefällt, lassen Sie ihn von außen in Ihren Körper hineinfließen und verbinden Sie diesen Geruch mit der Stille in Ihrer Leibmitte.

5. *In Stille schmecken*
Suchen Sie Ihren Schweigeplatz auf. Nehmen Sie mit allen Sinnen wahr, was um Sie herum ist.
Gehen Sie mit Ihren Gedanken von den Nasenlöchern durch die Nase in die Mundhöhle. Spüren Sie Ihre Zunge, die Zähne, den Gaumen. Entspannen Sie Ihren Rachen, den Kehlkopf. Atmen Sie ruhig, und wenn Sie möchten, gähnen Sie ausgiebig.
Kommen Sie in eine gute Spannung zurück und atmen im Schweigen durch die Nase ein und durch den Mund aus.
Schmecken Sie beim Ausatmen das Schweigen und kosten Sie es mit den Lippen, der Zunge und dem Gaumen. Wenn es Ihnen guttut, dürfen Sie auch ein wenig die Stille „schmatzen".

6. *In Stille hören*
Stellen Sie sich aufrecht hin, schließen Sie, wenn Sie können, die Augen oder richten Sie Ihren Blick unverkrampft auf den Boden vor sich, ohne genau hinzuschauen. Lauschen Sie auf die Geräusche um sich herum.
Wiederholen Sie diese Übung im Sitzen und im Liegen, die Augen geschlossen oder entspannt vor sich hin gerichtet.

Vergleichen Sie: Wann hören Sie besser, konzentrierter, aufmerksamer (zu)? Im Sitzen, Stehen oder Liegen? Warum geht es Ihnen so? Was bedeutet das für Ihre Kommunikationsfähigkeit?
Legen Sie ein Ohr auf den Boden – in Ihrer Wohnung genauso wie im Freien – und lauschen Sie auf das, was Sie wahrnehmen.
Legen Sie die Hände fest, aber unverkrampft auf Ihre Ohren und lauschen dem Rauschen Ihres Blutes. Wenn Sie möchten, bedanken Sie sich bei Ihrem Herzen, den Adern, dem Blutkreislauf, bei Ihrem Körper insgesamt, dass er Ihr Leben schützt und in Bewegung hält.

ICH-SEIN

1. In Stille spüren

Nehmen Sie eine entspannte Sitzhaltung ein und lassen Sie das Wort *Stille* in sich aufsteigen. Spüren Sie nach, wie es sich anfühlt. Können Sie eine Farbe damit verbinden, eine Temperatur, einen Duft? Wenn Sie möchten, übersetzen Sie diese Empfindung in ein Wannenbad, in das Sie Farbe, Duft und Temperatur der Stille einfließen lassen. Baden Sie schweigend. Wenn es Sie dem inneren Schweigen näherbringt, lassen Sie wohlige Seufzer aufsteigen. Horchen Sie in sich hinein, woher sie aufsteigen und horchen nach, wohin sie gehen.
Suchen Sie sich eine Zeit, in der Sie Ihre normale Hausarbeit ungestört und bewusst in Stille erledigen können: schweigend, laute Geräusche vermeidend, ohne akustische Untermalung

durch Radio etc. Überlegen Sie sich zuerst, ob Sie sich eine Arbeit vornehmen können, die Sie nicht besonders gerne tun, oder ob Ihnen eine angenehme Tätigkeit besser helfen könnte, in die Stille zu kommen. Tauchen Sie in die Stille des Arbeitens ein und beobachten Sie sich dabei, ob und wie die Stille Ihre Freude bzw. Unlust verändern kann.

Ziehen Sie sich zurück, suchen Sie ein ruhiges Zimmer auf und verabschieden Sie freundlich, aber konsequent Ihre bisherigen Beschäftigungen. Verabreden Sie mit sich selbst eine Zeitspanne, in der Sie das von Ihnen gewählte Zimmer nicht verlassen. Horchen Sie in sich hinein, was sich in Ihnen während des Aufenthaltes in diesem Zimmer regt. Wenn Sie spüren, dass in Ihnen Schweigen aufsteigt, suchen Sie sich einen Sitzplatz, nehmen eine aufmerksame, unverkrampfte Haltung ein und lassen Ihren Atem in diesem Schweigen durch sich hindurch fließen. Überlassen Sie sich der Ruhe, die Sie erfüllt, und stellen Sie sich, wenn Sie diese Phase beenden möchten, mit Ihren Füßen fest, aber unverkrampft auf den Boden. Wenn Sie das Zimmer verlassen, versuchen Sie, Ihr Schweigen mit sich durch das Haus zu tragen und der Stille so eine größere Reichweite zu geben.

Suchen Sie einen Ort auf, an dem Sie zu sich selbst kommen können. Gehen Sie in das Schweigen und lassen Sie es, wenn es da ist, aus Ihrem Inneren aufsteigen. Versuchen Sie, den Quellpunkt dieses Schweigens zu ertasten. Ihr Schweigen soll durch Sie hindurchfließen, bis es Ihre Hände und Füße und Ihren ganzen Leib erfüllt.

Erweitern Sie diese Übung, indem Sie das Schweigen durch sich hindurch- und dann in Ihre Umgebung hineinfließen lassen.

2. In Stille horchen

Nehmen Sie eine entspannte Sitzhaltung ein. Spüren Sie, wie Ihre Gedanken in Ihnen aufsteigen. Stellen Sie sich vor, Sie säßen vor einem großen Aquarium, das freundlich beleuchtet ist und in dem bunte Fische hin- und herschwimmen. Setzen Sie jeden Ihrer Gedanken auf einen Fisch und lassen Ihre „Gedankenfische" davonschwimmen, ohne ihnen weitere Beachtung zu schenken.

Um gut horchen zu können, muss man gut schweigen können. Gehen Sie in Gedanken den Wörtern nach, die Sie in der letzten halben Stunde, beim letzten Gespräch, beim letzten Einkauf oder beim Tanken gesprochen haben. Versuchen Sie, diese Wörter aus sich heraus zu entlassen, um von ihnen frei zu werden.

Gehen Sie alleine und schweigend spazieren. Wenn Sie Ihren Rhythmus gefunden haben, lassen Sie mit jedem Schritt ein Stück Verspannung los. Wenden Sie Ihre Aufmerksamkeit Ihrer Innenwelt zu. Sobald Sie spüren, dass Sie innerlich entspannt sind, horchen Sie wieder auf die Geräusche um sich herum und werden Sie aufmerksam für die Außenwelt. Wechseln Sie zwischen diesen beiden Haltungen. Schließen Sie die Übung mit der Aufmerksamkeit für Ihre Umgebung ab.

Verzichten Sie einen Tag lang auf bloggen oder chatten und nutzen Sie die dadurch frei gewordene Zeit für eine Schweigeübung, in der Sie in sich und Ihre Seelenbewegungen hineinhorchen und die Sie in Ihrem Selbstvertrauen auf Ihre innere Kraft stärkt.

Verzichten Sie einen Tag lang auf Murren, Kritisieren und Lästern und nutzen Sie die dadurch frei werdende Energie, um sich selbst zu beobachten. Vielleicht fällt Ihnen auf, dass in Ihnen eine Kraft spürbar wird, mit deren Hilfe Sie eine befreiende Distanz zwischen sich und den Anlass des Ärgers schieben können.

MIT-MENSCH-SEIN

Schimpfen um keinen Preis
Legen Sie sich eine Liste an mit Wörtern (z. B. Schimpfwörter), von denen Sie sich trennen möchten, weil Sie spüren, dass sie Ihnen nicht guttun. Suchen Sie aus Ihrer (Schimpf-)Wörterliste das Wort aus, das Sie als das hartnäckigste oder unangenehmste empfinden. Schreiben Sie es handschriftlich so oft auf einen Zettel, bis Sie das Gefühl haben, dass Ihnen übel davon wird. Vereinbaren Sie mit sich selbst, dieses Wort in Zukunft zu meiden, und rufen Sie in sich ein Schweigen auf, mit dem Sie sich von diesem Wort distanzieren. Sollte Ihnen dieses (Schimpf-)Wort wieder über die Lippen kommen, antworten Sie darauf mit einem neuen Versuch inneren Schweigens.

Hinaus mit dem Frust
Beobachten Sie sich beim Autofahren: Wie verhalten Sie sich, wenn Sie in Ihrer Bewegungsfreiheit eingeschränkt werden? Jemand nimmt Ihnen die Vorfahrt. Eine Fußgängerin überquert gemächlich die Ampel. Jemand lässt Sie nicht überholen – in dieser Situation sind Sie, wenn Sie ohne Beifahrer/in unterwegs sind, mit sich allein, niemand hört Ihnen zu. Sie lassen Ihre Wut und Hilflosigkeit schimpfend heraus. Üben Sie, ein

Schimpfwort, das Ihnen in dieser Situation zunächst Erleichterung verschafft, nach und nach durch ein lautes Ausatmen zu ersetzen, das Sie in die innere Stille führt. Lassen Sie im Schweigen Ihren Frust los.

Gewissenserforschung

Die Gewissenserforschung hat eine lange Tradition. Sie stellen sich selbst Fragen und schauen dabei alle wichtigen Lebensbereiche an. Die folgenden Fragen sollen Ihnen Hilfestellung sein, sich mit Blick auf Reden und Schweigen auf die Spur zu kommen. Hier geht es, anderes als in der Gewissenserforschung vor der Beichte, nicht um ein Fehlverhalten, sondern um die Hebung Ihrer persönlichen Rede- und Schweigeschätze.

Wer hat mir das Reden beigebracht? Wem habe ich hier am meisten zu verdanken? Habe ich diesem Menschen schon einmal ausdrücklich dafür gedankt, dass er/sie mir zum Sprechen verholfen hat?

Wer hat mir das Lesen als Bereicherung und Erweiterung meiner Sprechfähigkeit erschlossen? Habe ich diesem/diesen Menschen dafür gedankt? Könnte ich es heute noch tun? Wie?

Wer hat mir Fremdsprachen erschlossen? Habe ich diesem/diesen Menschen dafür gedankt? Mit welchen Menschen aus anderen Ländern und Kulturen bin ich dadurch in Kontakt gekommen? Bin ich ihnen freundschaftlich oder feindlich begegnet? Habe ich die Gabe der fremden Sprachen gepflegt?

Bemühe ich mich im Urlaub, auch wenn ich die Sprache des Gastlandes nicht spreche, wichtige Wörter menschlicher Begegnung zu lernen und sie bewusst als Zeichen des Respektes zu benutzen? Beharre ich stur auf meiner Muttersprache? Wa-

rum? Aus Hochmut, Feigheit oder aus Angst, mich zu blamieren? Was kann ich tun, wenn ich hier nicht so bin, wie ich sein möchte?
Wie verhalte ich mich in meinem sprachlichen Umfeld, wenn dort Menschen anderer Muttersprache oder mit Migrationshintergrund mit mir leben? Gehe ich respektvoll mit ihnen um, auf Augen-/Sprachhöhe, oder schaue ich auf sie mit ihrer fremden Sprache und ihren anderen Erfahrungen, Wertvorstellungen, Religionszugehörigkeiten oder Sitten herab? Versuche ich zu verstehen?
Bin ich geduldig mit Menschen, die mit Sprachbehinderungen leben? Sehe ich sie als gleichberechtigte Gesprächspartner/innen an?
Begleite ich meine/unsere Kinder auf ihrem Weg des Sprechenlernens, wie sie es brauchen? Singe ich mit ihnen; lese ich ihnen Geschichten und Gedichte vor? Lehre ich sie beten?
Bemühe ich mich, Sprachbarrieren zu überwinden, z. B. am Krankenbett, in Partnerschaftskonflikten, im Beruf zwischen den verschiedenen Hierarchieebenen?
Wie ist meine Sprache im Umgang mit Gott?

Der erste Schritt

Erinnern Sie sich an Situationen in Ihrem Leben, in denen Sie mit Menschen nicht mehr kommunizieren konnten oder wollten. Suchen Sie sich aus diesen Situationen eine aus, die Sie in Gedanken noch einmal durchgehen. Bleiben Sie in der Erinnerung an jenem Punkt stehen, wo es gut gewesen wäre, von Ihrer Seite aus den ersten Schritt aufeinander zu zu machen. Entwerfen Sie in Ihrer Fantasie einen Gesprächsverlauf, in dem Sie und

Ihr/e Gesprächspartner/in sich wohlgefühlt hätten. Welches Potenzial, um den ersten Schritt zu tun, entdecken Sie bei sich selbst? Was möchten oder könnten Sie tun, um diese Begabung zu entwickeln und zu fördern?

Goldwaage

Stellen Sie eine Waage vor sich hin (Küchenwaage, Briefwaage, Badezimmerwaage). Sollten Sie keine Waage im Hause haben, legen Sie einen Hammer vor sich. Es geht um die „Wucht", um das Gewicht, mit dem Wörter auf Menschen wirken können. Schreiben Sie auf einen Zettel je zehn Wörter oder Sätze, die Ihnen immer wieder „herausrutschen" und die Sie als nicht gut, als verletzend, bedrohlich oder böse empfinden. Schreiben Sie auf einen zweiten Zettel je zehn Wörter oder Sätze, die nach Ihrer Einschätzung beruhigend, tröstend, heilend oder wohltuend sind. Legen Sie jedes dieser Wörter, jeden Satz in Gedanken auf die Waage und notieren sein Gewicht. Eine andere Möglichkeit: Schreiben Sie eine Zahl zwischen eins und zwanzig hinter jedes Wort und jeden Satz, je nach der Wucht, mit dem Ihr „Worthammer" auf Menschen herabfällt. Ordnen Sie Ihre Listen. Vergleichen Sie sie. Ziehen Sie Bilanz: Was ist Ihre „starke" Seite? Welche Wörter, Sätze, dahinterstehende Haltungen oder Be-/Verurteilungen möchten Sie vermeiden? Was können Sie tun, um Ihr Ziel zu erreichen?

Ein Geheimnis bewahren

Können Sie ein Geheimnis, das Ihnen anvertraut wurde, für sich behalten? Haben Sie in sich eine Schweigekammer, in der Sie die Geheimnisse anderer aufbewahren? Fehlt Ihnen diese

Kammer? Wie gehen Sie damit um, wenn Sie Geheimnisse ausgeplaudert haben? Wenn es Ihnen schwerfällt, ein Geheimnis zu bewahren, nehmen Sie Kontakt auf zu Ihrem seelischen Innenraum und richten Sie dort eine Ecke für die Geheimnisse anderer ein. Wenn Sie nicht so weit sind, diesen Raum in sich zu spüren, bitten Sie andere beim nächsten Mal, wenn es um das Bewahren eines Geheimnisses geht, darum, Sie mit Vertraulichkeiten nicht zu belasten.

Miteinander Sprechen teilen
Sind Sie ein „Sprachmuffel"?
Haben Sie oft im Gespräch den größten Redeanteil?
Achten Sie beim Reden und Hören auf Zwischentöne, auf das, was der andere nicht sagt und doch meint?
Reagieren Sie mit Ihrem Sprechen auf die Einwände, Bedenken, Antworten, Nachfragen Ihres Gegenübers? Denken Sie über das nach, was Ihnen Ihr Gesprächspartner mitteilt?
Hören Sie auf das, was Ihnen Ihr Gesprächspartner mitteilt?
Wirkt ein Gespräch in Ihnen nach oder können Sie sich oft nicht mehr an den Inhalt des Gesprächs erinnern? Wenn das Zweite der Fall ist: Können Sie herausfinden, warum das so ist?
Ist es für Sie normal, mit Ihrem (Gesprächs-)Partner auch schweigen zu können? Oder ist Ihnen Schweigen in Anwesenheit eines anderen Menschen unangenehm? Wenn ja: Versuchen Sie, diesem Gefühl auf den Grund zu gehen und überlegen Sie, ob Sie manchmal nur deshalb ein Gespräch führen, um ein „peinliches Schweigen" zu überdecken.

MIT-GOTT-SEIN

Morgenritual

Suchen sie gleich am Morgen nach dem Aufstehen Ihren Schweigeplatz auf und nehmen Sie eine bequeme und unverkrampfte Stellung im Sitzen oder Stehen ein.

Das morgendliche Schweigen unterscheidet sich von dem des Abends. Es ist heller, gespannter und offener, sobald es die dunkle Ruhe der Nacht hinter sich gelassen hat. Geben Sie dem Schweigen des Morgens in sich Raum. Ruhen Sie darin und finden Sie eine gute Tagesspannung. Lauschen Sie der inneren Stille. Lassen Sie einen Dank für die Nacht in sich aufsteigen. Wenden Sie Ihre Aufmerksamkeit dem Tag zu und lassen Sie in sich einen Gedanken der Zuversicht, der liebenden Aufmerksamkeit, der Vorfreude, der Stärkung aufkommen. Verschließen Sie diesen Gedanken in Ihrer Körpermitte, um im Lauf des Tages immer wieder dorthin zurückzukehren und sich dort zu erfrischen.

Abendritual

Suchen Sie Ihren Schweigeplatz auf. Kommen Sie in Ihren Atemrhythmus und in das bewusste Schweigen. Entleeren Sie Ihren Geist von den Wörtern und Ereignissen des Tages. Horchen Sie dem wichtigsten Wort, dem wichtigsten Ereignis des Tages nach. Danken Sie für dieses Wort, für dieses Ereignis, auch wenn es belastend war. Entlassen Sie es in die Ruhe der Nacht. Geben Sie dem Schweigen in sich Raum.

Biblische Ruhe

Suchen Sie Schweigestellen der Bibel auf. Verweilen Sie bei einem Text, der Sie anspricht und lassen Sie sich ohne Nachzudenken immer tiefer in diese Stelle hineinfallen. Ruhen Sie in diesem Text aus. Hier einige Beispiele:

Am siebten Tag vollendete Gott das Werk, das er geschaffen hatte, und er ruhte am siebten Tag, nachdem er sein ganzes Werk vollbracht hatte. Und Gott segnete den siebten Tag und erklärte ihn für heilig. (Genesis 2,2f.)

Du fühlst dich sicher, geborgen bist du, du kannst in Ruhe schlafen. Du kannst dich niederlegen, ohne dass jemand dich erschreckt. (Ijob 18f.)

Bei Gott kommt meine Seele zur Ruhe, von ihm kommt mir Hilfe. Er ist mein Fels, meine Hilfe, meine Burg; darum werde ich nicht wanken. (Psalm 62,2f.)

Bei Gott allein kommt meine Seele zur Ruhe; denn von ihm kommt meine Hoffnung. (Psalm 62,6)

Komm wieder zur Ruhe, mein Herz! Denn Gott hat dir Gutes getan. (Psalm 116,7)

Ich ließ meine Seele ruhig werden und still; wie ein kleines Kind bei der Mutter ist meine Seele still in mir. (Psalm 131,2)

Ob ich gehe oder ruhe, es ist dir bekannt; du bist vertraut mit all meinen Wegen. Noch liegt mir das Wort nicht auf der Zunge – du, Gott, kennst es bereits. Du umschließt mich von allen Seiten und legst deine Hand auf mich. (Psalm 139, 3–5)

Als tiefes Schweigen das All umfing und die Nacht bis zur Mitte gelangt war, da sprang dein allmächtiges Wort vom Himmel, vom königlichen Thron herab. (Weisheit 18,14f.)

Kommt alle zu mir, die ihr euch plagt und schwere Lasten zu tragen habt. Ich werde euch Ruhe verschaffen. (Matthäus 11,28)

Ruhegebet

Suchen Sie einen dem Schweigen geweihten Ort auf oder finden Sie eine dem Schweigen, dem Gebet geweihte Zeit (eine Kirche, eine Andacht, eine „Frühschicht"; informieren Sie sich über Angebote in Ihrer Gemeinde oder verschiedener anderer Einrichtungen in Ihrer Umgebung). Lauschen Sie dort der inneren Stille. Während Sie in Ihr Schweigen hineinhören, wagen Sie sich immer tiefer dorthin und versuchen Sie, auf das je Leisere zu hören. Beten Sie in dieser Ruhe ohne Wort und Gedanken in dem Bewusstsein, mit Gott alleine zu sein und sich ihm ganz anvertrauen zu können.

Beten heißt hier schlicht: Dasein vor Gott, auch wenn Sie ihn nicht so anreden können oder wollen. Nehmen Sie ohne Anstrengung wahr, dass es Sie gibt, dass Sie leben, atmen, sich entwickeln, eine Vergangenheit gelebt haben, eine Zukunft vor sich haben. Lassen Sie alles im Vertrauen los. Denken Sie nicht näher darüber nach und sind nur da im Jetzt. Atmen Sie zum Schluss dieser Übung bewusst aus und lassen neuen Atem in sich einströmen. Wenn Sie möchten, verabschieden Sie sich von diesem Raum und dieser Zeit mit einer Geste oder einem Wort des Dankes.

QUELLEN

I. Die Weisheit der Mönche

Weisung der Väter (Weisung der Väter. Apophthegmata Patrum, auch Gerontikum oder Alphabeticum genannt. Eingel. und übers. von Bonifaz Miller, Freiburg 1965, S. 19, 25, 44, 62, 67, 111,167–168, 218, 226–227, 240, 278 © Paulinus Verlag GmbH, Trier)

Ignatius von Antiochien: Es ist besser, zu schweigen ... (aus: Wilhelm Geerlings/ Gisbert Greshake (Hg.), Quellen geistlichen Lebens. Band 1: Die Zeit der Väter, S. 28 © Matthias-Grünewald-Verlag der Schwabenverlag AG, Ostfildern, überarbeitete Neuauflage 2008)

Ambrosius: Schweigen, um reden zu können (Bibliothek der Kirchenväter. Des Heiligen Kirchenlehrers Ambrosius von Mailand ausgewählte Schriften aus dem Lateinischen übersetzt. Bd. 3, Kempten und München 1917, S. 13–16, S. 27)

Aus der Regel des hl. Basilius und des hl. Benedikt (Die Großen Ordensregeln. Hg. von Hans-Urs von Balthasar, Einsiedeln 1948, S. 67–68, S. 161–162)

Kees Waaijman: Aus der Karmelregel (aus: Kees Waaijman, Der mystische Raum des Karmel. Eine Erklärung der Karmelregel, S. 31 und 33 © Matthias-Grünewald-Verlag, Mainz 1998)

Aus der Lebensordnung des Regularkanonikerstifts Klosterrath (Consuetudines Cononicorum Regularium Rodenses. Die Lebensordnung des Regularkanonikerstiftes Klosterrath. Erster Teilband. Text erstellt von Stefan Weinfurter, übers. und eingel. von Helmut Deutz, Freiburg: Herder 1993, S. 341)

Bruno der Kartäuser: Die Freuden der Abgeschiedenheit (Bruno – Guigo – Antelm, Epistulae Cartusianae. Frühe Kartäuserbriefe, übers. und eingel. von Gisbert Greshake, Freiburg: Herder 1992, S. 57 und 59)

Guigo I., fünfter Prior der Chartreuse: Über das eremitische Leben (Guigo – Antelm, Epistuale Cartusianae. Frühe Kartäuserbriefe, übersetzt und eingeleitet von Gisbert Greshake, Freiburg: Herder 1992, S. 105 und 107)

Willibald Bösen: Wüstenerfahrung (Ange Helly, Bruno von Köln. Der Vater der Kartäuser. Aus dem Französischen übersetzt und mit einem Bericht über die Eremiten von „St. Bruno" von Willibald Bösen, Würzburg 1992, S. 104–107 und 111f. © Willibald Bösen)

Johannes Tauler: Leidiges Geschwätz (Johannes Tauler, Predigten, Bd. 1. Vollständige Ausgabe, übertragen und herausgegeben von Georg Hofmann. Einführung von Alois M. Haas, Freiburg: Johannes Verlag Einsiedeln ^{4}2007, S. 281)

Thomas von Kempen: Lob der Verschwiegenheit (Thomas von Kempen, Die Herberge der Armen und andere Schriften, übersetzt und herausgegeben von Carl Maier, Olten und Freiburg: Walter 1952, S. 47f.)

Johannes vom Kreuz: Wie Gott unterrichtet (Im Spiegel der Seele. Die Quellen der Mystik. Ausgewählt und eingeleitet von Elisabeth Hense, Freiburg: Herder 1997, S. 115)

Johannes vom Kreuz: Vom Stillschweigen (Des Heiligen Johannes vom Kreuz kleinere Schriften. Nach den neuesten kritischen Ausgaben aus dem Spanischen übersetzt von P. Aloysius ab Immac. Conceptione aus dem Orden der unbeschuhten Karmeliten, München 1940, S. 108f.)

Francisco de Osuna: Rat der Schrift (Francisco de Osuna, Versenkung. Weg und Weisung des kontemplativen Gebetes. Ausgewählt, übersetzt und eingeleitet von Erika Lorenz, Freiburg: Herder 1982, S. 55ff.)

Kees Waaijman: Uneingeschränkte Regel (Kees Waaijman, Der mystische Raum des Karmel. Eine Erklärung der Karmelregel, S. 191f. © Matthias-Grünewald-Verlag Mainz 1998)

Thomas von Kempen: Liebe die Zelle (Thomas von Kempen, Die Herberge der Armen und andere Schriften, übersetzt und herausgegeben von Carl Maier, Olten und Freiburg: Walter 1952, S. 45ff.)

Anselm Grün: In der Zelle bleiben (Anselm Grün, Herzensruhe. In Einklang mit sich selber sein, Freiburg: Herder 2003, S. 90ff.)

Anselm von Canterbury: Kammer des Herzens (Anselm von Canterbury, Monologien. Proslogion. Die Vernunft und das Dasein Gottes. Deutsch-lateinische Ausgabe, übersetzt, eingeleitet und erläutert von Rudolf Allers, Köln 1966, S. 198)

Silja Walter: Wissen durch Hören (Silja Walter, Der Ruf aus dem Garten. Mit einem Geleitwort von K. Suso Frank OFM, Freiburg/Schweiz: Paulusverlag 1995, S. 75f.)

Silja Walter: Kapitel von der Schweigsamkeit (Silja Walter, Der Ruf aus dem Garten. Mit einem Geleitwort von K. Suso Frank OFM, Freiburg/Schweiz: Paulusverlag 1995, S. 67–70)

II. Schweigen üben

Otto Betz: Anfänge des Schweigens (Otto Betz, Im Reden und im Schweigen. Annäherungen. München: Verlag J. Pfeiffer 1982, S. 72 © Otto Betz)

Anselm Grün: Der Weg der Achtsamkeit (Anselm Grün, Herzensruhe. In Einklang mit sich selber sein, Freiburg: Herder 2003, S. 134–137)

Thomas Merton: Der kontemplative Weg (Thomas Merton, Ein Tor zum Himmel ist überall. Zeiten der Stille. Ausgewählt, eingeleitet und erläutert von Bernardin Schellenberger, Freiburg: Herder 1999, S. 104ff.)

Anthony de Mello: Die Kraft der Umwandlung (Anthony de Mello, Meditieren mit Leib und Seele. Neue Wege der Gotteserfahrung. Übersetzung und Nachwort von Martin Kämpchen, Kevelaer 1984, S. 17–20)

David Steindl-Rast: Stille ist lebensnotwendig (Geleitwort von David Steindl-Rast. Aus: Michael Fischer (Hg.), Buch der Ruhe und Stille, Inspirationen aus dem Geist der Klöster, Freiburg: Herder 2003, S. 7–8)

Romano Guardini: Einatmen. Ausatmen. (Alle Autorenrechte liegen bei der Katholischen Akademie in Bayern. Romano Guardini, Tugenden. Meditationen über Gestalten sittlichen Lebens, 6. Auflage 2004, S. 160f. Verlagsgemeinschaft Matthias Grünewald, Mainz / Ferdinand Schöningh, Paderborn)

Henri Nouwen: Vom Vergessen der Wörter (Henri J. M. Nouwen, Feuer, das von innen brennt. Stille und Gebet, Freiburg: Herder 1981, S. 47)

Henri Nouwen: Das innere Feuer bewahren (Henri J. M. Nouwen, Feuer, das von innen brennt. Stille und Gebet, Freiburg: Herder 1981, S. 50ff.)

Anselm Grün: Schweigend und staunend (Anselm Grün, Buch der Lebenskunst. Hrsg. von Anton Lichtenauer, Freiburg: Herder 2002, S. 125)

Josef Sudbrak: Ehrfurcht (Josef Sudbrak, Auf Gott hin ausgespannt. Der Weg des Meditierens, Freiburg: Herder 1983, S. 118f.)

David Steindl-Rast: Hinhorchen (David Steindl-Rast, Die Achtsamkeit des Herzens. Ein Leben in Kontemplation © 1988 by Wilhelm Goldmann Verlag, München, in der Verlagsgruppe Random House GmbH)

Otto Betz: Abstinenzzeiten für Worte (Otto Betz, Im Reden und im Schweigen. Annäherungen. München: Verlag J. Pfeiffer 1982, S. 67f. © Otto Betz)

Mutter Teresa: Einübungen (Mutter Teresa, Beschaulich inmitten der Welt. Geistliche Weisungen, Freiburg: Johannes Verlag Einsiedeln [2]2003, S. 94–96)

III. Stille suchen

Thomas Merton: Weg zur Mitte (Thomas Merton, Keiner ist eine Insel. Christliche Meditationen, o. O. Goldmann Verlag 1987, S. 240f., S. 243ff. Originaltitel: NO MAN IS AN ISLAND © Copyright 1955 by the Abbey of Our Lady of Gethsemani. Copyright renewed 1983 by the Trustees of Merton Legacy Trust. Mit freundlicher Genehmigung der Paul & Peter Fritz AG, Literaturagentur)

Romano Guardini: Ruhiges Strömen. (Alle Autorenrechte liegen bei der Katholischen Akademie in Bayern. Romano Guardini, Wille und Wahrheit. Geistliche Übungen, 6. Auflage 1991, S. 32. Verlagsgemeinschaft Matthias Grünewald, Mainz / Ferdinand Schöningh, Paderborn)

Thomas Merton: Eine Entdeckung (Thomas Merton, Zeiten der Stille. Ausgewählt, herausgegeben und erläutert von Bernardin Schellenberger, Freiburg: Herder 1992, S. 68)

Carlo Caretto: Die Ruhe der Nacht (Carlo Caretto, Wo der Dornbusch brennt. Geistliche Briefe aus der Wüste, Freiburg: Herder 1992, S. 137–140)

Anthony Bloom: Wie die Saiten einer Geige (Im Spiegel der Seele. Die Quellen der Mystik. Ausgewählt und eingeleitet von Elisabeth Hense, Freiburg: Herder 1997, S. 111)

Anselm Grün: Übung des Schweigens und Nicht-Richtens (Anselm Grün, Der Himmel beginnt in dir. Das Wissen der Wüstenväter für heute, Freiburg: Herder 1999, S. 58, S. 60–63)

Thomas Merton: Schweigen – versöhnende Kraft (Thomas Merton, Meditationen eines Einsiedlers. Über den Sinn von Meditation und Einsamkeit, Einsiedeln, Köln, Zürich: Benziger 1984, S. 115–116. Originaltitel: THOUGHTS IN SOLITUDE © Copyright 1956, 1958 by the Abbey of Our Lady of Gethsemani. Mit freundlicher Genehmigung der Paul & Peter Fritz AG, Literaturagentur)

Sören Kierkegaard: Übereinkunft (Sören Kierkegaard, Kleine Schriften 1848/49, übersetzt von Emanuel Hirsch. (S. Kierkegaard, Gesammelte Werke und Tagebücher, hrsg. von E. Hirsch, H. Gerdes und H. M. Junghans, 21./23. Abt.), Düsseldorf, Köln 1960, Neuausgabe Grevenberg Verlag Dr. Ruff & Co. OHG, Simmerath 2003, S. 39 und 43)

Sören Kierkegaard: Lilie und Vogel als Gleichnis (Sören Kierkegaard, Kleine Schriften 1848/49, übersetzt von Emanuel Hirsch (S. Kierkegaard, Gesammelte Werke und Tagebücher, hrsg. von E. Hirsch, H. Gerdes und H. M. Junghans, 21./23. Abt.) Düsseldorf, Köln 1960, Neuausgabe Grevenberg Verlag Dr. Ruff & Co. OHG, Simmerath 2003, S. 36ff.)

Thomas Merton: Heimliche Musik (Thomas Merton, Zeiten der Stille. Ausgewählt, herausgegeben und erläutert von Bernardin Schellenberger, Freiburg: Herder 1992, S. 65–67)

IV. Ruhe finden

Anselm Grün: Unruhiges Herz (Anselm Grün, Herzensruhe. In Einklang mit sich selber sein, Freiburg: Herder [3]2003, S. 106–109)

Anselm Grün: Ein Urbedürfnis (Anselm Grün, Herzensruhe. In Einklang mit sich selber sein, Freiburg: Herder [3]2003, S. 79ff.)

Anselm Grün: Von der Ruhe und der Unruhe (Anselm Grün, Herzensruhe. In Einklang mit sich selber sein, Freiburg: Herder [3]2003, S. 96f.)

Thomas von Kempen: Im guten Frieden (Thomas von Kempen, Die Herberge der Armen und andere Schriften, übersetzt und herausgegeben von Carl Maier, Olten und Freiburg: Walter 1952, S. 28)

Heinrich Seuse: Bei sich selbst bleiben (Heinrich Seuse, Deutsche mystische Schriften. Aus dem Mittelhochdeutschen übertragen und herausgegeben von Georg Hofmann, Düsseldorf 1966, S. 371)

Nikolaus von Kues: Maria und Martha (Nikolaus von Kues, Aller Dinge Einheit ist Gott. Ausgewählt und eingeleitet von Gerd Heinz-Mohr, Einsiedeln, Köln, Zürich: Benziger 1984, S. 149f. © Patmos Verlag GmbH & Co. KG, Düsseldorf)

Emmanuel Jungclaussen: Müder Geist, nun kehr zur Ruh (Emmanuel Jungclaussen, Schritte in die innere Welt. Geistliche Übungen, Freiburg: Herder 1991, S. 232 und 234ff.)

Romano Guardini: Inmitten des Tages (Alle Autorenrechte liegen bei der Katholischen Akademie in Bayern. Romano Guardini, Wille und Wahrheit. Geistliche Übungen, 6. Auflage 1991, S. 34f. Verlagsgemeinschaft Matthias Grünewald, Mainz / Ferdinand Schöningh, Paderborn)

Thomas Merton: Letzte Ruhe (Thomas Merton, Keiner ist eine Insel. Christliche Meditationen, o. O. Goldmann Verlag 1987, S. 245f. Originaltitel: NO MAN IS AN ISLAND © Copyright 1955 by the Abbey of Our Lady of Gethsemani. Copyright renewed 1983 by the Trustees of Merton Legacy Trust. Mit freundlicher Genehmigung der Paul & Peter Fritz AG, Literaturagentur)

V. Unserem tiefsten Grund begegnen

Madeleine Delbrêl: Im Gedröhne der Straßen (Madeleine Debrêl, Wir Nachbarn der Kommunisten, übersetzt von H. U. von Balthasar, Freiburg: Johannes Verlag Einsiedeln, 1975, S. 49 und 50)

Fridolin Stier: Nachdem ... (Fridolin Stier, Vielleicht ist irgendwo Tag. Die Aufzeichnungen und Erfahrungen eines großen Denkers, Freiburg: Herder 1993, S. 90)

Willigis Jäger: Gott offenbart sich im Schweigen (Willigis Jäger, Aufbruch in ein neues Land. Erfahrungen eines spirituellen Lebens, Freiburg: Herder 2003, S. 103ff.)

David Steindl-Rast: Leben aus der Stille – ein dankbares Leben (Epilog von David Steindl-Rast. Aus: Michael Fischer (Hg.), Buch der Ruhe und Stille, Inspirationen aus dem Geist der Klöster, Freiburg: Herder 2003, S. 179–184)

Volkmar Keil: Weg zu Gott (Dionysius Areopagita, Ich schaute Gott im Schweigen. Mystische Texte der Gotteserfahrung, übersetzt und für die Meditation erschlossen von Volkmar Keil, Freiburg: Herder 1985, S. 59)

Thomas Merton: In seinem Schweigen spricht Er (Thomas Merton, Meditationen eines Einsiedlers. Über den Sinn von Meditation und Einsamkeit, Einsiedeln, Köln, Zürich: Benziger 1984, S. 108f. Originaltitel: THOUGHTS IN SOLITUDE © Copyright 1956, 1958 by the Abbey of Our Lady of Gethsemani. Mit freundlicher Genehmigung der Paul & Peter Fritz AG, Literaturagentur)

Fridolin Stier: Mysterium (Fridolin Stier, Vielleicht ist irgendwo Tag. Die Aufzeichnungen und Erfahrungen eines großen Denkers, Freiburg: Herder 1993, S. 383f.)

Augustinus: Inneres Rufen (Augustinus, Die Unruhe zu Gott. Gesammelte Texte, ausgewählt, übersetzt und eingeleitet von Otto Karrer, Freiburg/Schweiz: Paulusverlag 2000 (Reihe Toposplus, Band 353), S. 127ff.)

Jean-Pierre de Caussade: Das Herzensgebet (aus: Gisbert Greshake/Josef Weismayer (Hg.), Quellen geistlichen Lebens. Band. 3: Die Neuzeit, S. 196ff. © Matthias-Grünewald-Verlag, Mainz 1989)

Teresa von Avila: Gebet der Ruhe (Teresa von Avila, Ich bin ein Weib und obendrein kein Gutes. Ein Portrait der Heiligen in ihren Texten. Ausgewählt, übersetzt und eingeleitet von Erika Lorenz, Freiburg: Herder 1985, S. 63–66)

Erika Lorenz: Inneres Schweigen (Erika Lorenz, Wort im Schweigen. Vom Wesen christlicher Kontemplation, Freiburg: Herder 1993, S. 79f.)

Kallistos Ware: Werde, was du bist (Kallistos Ware, Emmanuel Jungclaussen, Hinführung zum Herzensgebet, Freiburg: Herder 1982, S. 9–15)

Mutter Teresa: Gott ist ein Freund der Stille (Mutter Teresa, Frère Roger, Gebet. Quelle der Liebe, Freiburg: Herder 1991, S. 34ff.)

Karl Rahner: Stille aushalten (Karl Rahner, Schriften zur Theologie, Band 3: Zur Theologie des geistlichen Lebens, Einsiedeln 1956, S. 35ff.)

Anselm Grün: Einklang. Einswerden (Anselm Grün, Herzensruhe. In Einklang mit sich selber sein, Freiburg: Herder 2003, S. 112ff.)

Anmerkung des Verlages: